U0649774

连续刚构桥多跨一次合龙
关键技术及应用

Key Technology and Application of One – closure Scheme for
Multi – span Continuous Rigid Frame Bridge

林新元　　王学礼　　张峰　　王新伟　　编著

人民交通出版社股份有限公司
China Communications Press　Co.,Ltd.

内 容 提 要

　　本书研究了连续刚构桥不同跨数、不同合龙顺序对主梁线形、应力及桥墩墩顶位移和内力的影响,系统温差在不同合龙顺序时对主梁应力、线形及桥墩受力的影响,不同合龙顺序下主梁及桥墩在混凝土收缩、徐变作用下的长期结构行为;通过理论基础研究,证明了多跨一次合龙技术的可行性;介绍了多跨一次合龙的施工技术,以及合龙段的施工工艺、配重、合龙温度及顶推工艺;基于铜黄高速公路项目,介绍了多跨一次合龙技术在几座特大跨连续刚构桥中的应用。

　　本书可供从事桥梁施工、科研的技术人员参考使用。

图书在版编目(CIP)数据

　　连续刚构桥多跨一次合龙关键技术及应用/林新元
等编著. —北京:人民交通出版社股份有限公司,
2014.5
　　ISBN 978-7-114-11408-3

　　Ⅰ.①连… Ⅱ.①林… Ⅲ.①连续刚构桥—合龙
Ⅳ.①U448.23

　　中国版本图书馆 CIP 数据核字(2014)第 088845 号

书　　名:连续刚构桥多跨一次合龙关键技术及应用
著 作 者:林新元　王学礼　张峰　王新伟
责任编辑:王文华(125976580@qq.com)
出版发行:人民交通出版社股份有限公司
地　　址:(100011)北京市朝阳区安定门外外馆斜街 3 号
网　　址:http://www.ccpress.com.cn
销售电话:(010)59757973
总 经 销:人民交通出版社股份有限公司发行部
经　　销:各地新华书店
印　　刷:北京市密东印刷有限公司
开　　本:720×960　1/16
印　　张:9.5
字　　数:160 千
版　　次:2014 年 5 月　第 1 版
印　　次:2014 年 5 月　第 1 次印刷
书　　号:ISBN 978-7-114-11408-3
定　　价:30.00

(有印刷、装订质量问题的图书由本公司负责调换)

前　言

　　大跨连续刚构桥梁结构的分段施工一般要经历一个长期复杂的施工阶段。按照传统的合龙工艺,多跨连续刚构桥的合龙需经过几次结构体系的转换,随着施工阶段的推进,桥梁的结构形式和荷载作用方式等都在不断发生变化。结构中的最终恒载内力与施工合龙的程序有关,不同的施工程序,由于它们的初始恒载内力不同,在体系转换的过程中,由徐变引起的内力重分布的数值也不同。采用不同的合龙顺序对整个桥梁建设的工期和成本的影响也不同,因此,选择正确的合龙顺序至关重要。

　　目前,连续刚构桥比较成熟的施工技术一般按"对称悬臂浇筑→边跨合龙→中跨合龙"的顺序施工,由于大跨径连续刚构桥跨径大、连续孔数多、超静定次数高,其成桥需经历一个长期而复杂的结构体系转换过程,而且对于多跨布置的连续刚构桥梁,这种成桥顺序需要的工期长,施工成本大。

　　多跨一次合龙,可缩短整个合龙工程的工期,工序紧凑。此外,多跨连续体系一次合龙,使合龙段的荷载同时作用在最终结构上,可使内力的变化更趋均匀,比逐孔合龙相继产生的次内力随超静定次数的增加,其作用的结构形式不断改变所带来的复杂内力计算要简单得多。因此,采用多跨连续体系一次合龙可以达到线形正确、受力合理、成桥快的目的。

　　全书共分两大部分进行阐述。

　　第一部分重点研究了不同跨数、不同合龙顺序对主梁线形、应力及桥墩墩顶位移和内力的影响;系统温差在不同合龙顺序时对主梁应力、线形及桥墩受力的影响;不同合龙顺序下的主梁及桥墩在混凝土收缩、徐变作用下的长期结构行为。通过理论基础研究,证明了多跨一次合龙技术的可行性。

第二部分重点介绍了多跨一次合龙的施工技术;研究了合龙段的施工工艺、配重、合龙温度及顶推工艺;同时基于铜黄高速公路项目,介绍了多跨一次合龙技术在几座特大跨连续刚构桥中的应用。

限于著者的知识视野和学术水平,书中难免存在不当之处,恳请读者批评指正。如有问题,请联系山东大学桥梁所副教授张峰(zhangfeng2008@sdu.edu.cn)。

作者

2014 年 4 月

目 录

1

第1章 绪 论

建立四通八达的现代化交通网,大力发展交通运输事业,对发展国民经济,加强全国各族人民的团结,促进文化交流和巩固国防等方面,都具有非常重要的作用。在公路、铁路、城市和农村道路以及水利建设中,为了跨越各种障碍(如深沟、峡谷、河流或其他路线),必须修建各种类型的桥梁,因此桥梁是交通线路中的重要组成部分。它不仅是公路总造价中的重要部分,而且通常也是保证全线早日通车的控制性工程,建成后也往往成为当地的标志性建筑物。在国防上,桥梁是交通运输的咽喉,历来是兵家必争之地。在需要高速、机动的现代化战争中,它具有更突出的地位。

近几十年,随着科学技术的进步,桥梁建设技术得以迅速发展,并逐步建成立体交通网络。跨江大桥、现代高速公路迂回交叉的立交桥、高架桥和城市高架道路,以及更长的跨海湾、海峡大桥,城郊高速铁路桥及轻轨运输高架桥等,犹如一条条"彩虹"使天堑变通途,极大地改善了我国交通拥堵的现状,推动了国民经济的发展,方便了广大群众的生活。在各种桥型中,外表朴实、适应性强、施工方便、投资少、效益高的连续刚构桥得到了广泛的应用。在可预见的未来,国民经济的发展使我国对高等级公路需求越来越多,伴随而来的是对桥梁跨越深沟、峡谷、河流能力的要求越来越高,大跨径预应力混凝土连续刚构桥[1-2]因其自身结构刚度大、伸缩缝少、行车舒适、养护简单等优点迅速发展起来,并适应了桥梁建设的需要,得到广泛的应用和推广。

1.1 连续刚构桥的受力特点

连续刚构桥是在连续梁桥的基础上发展起来的墩梁固结的结构体系,它综合了连续梁与T形刚构桥的受力特点,将主梁做成连续梁体系,与薄壁桥墩固结而成,既保持了连续梁无伸缩缝、行车平顺的特点,又保持了T形刚构桥不设置支座,不需要体系转换的优点,并且连续刚构桥可以通过高墩的柔度来适应结构由于预应力、混凝土收缩徐变以及温度变化等因素产生的位移,使结构受力更合理。

连续刚构桥在受力性能上有以下主要特点[3-4]:

1

（1）墩梁固结，上部结构和下部结构共同承担受力，减少了墩顶负弯矩。

（2）结构为多次超静定体系，混凝土收缩徐变、温度变化、预应力作用，墩台不均匀沉降等引起的附加内力对结构影响较大。

（3）采用柔性墩，能承受较大的变位。

（4）整体性能好，抗震性能好，抗扭潜力大。

连续刚构体系保持了连续梁的各个优点，墩梁固结节省了大型支座的昂贵费用，减少了墩及其基础的工程量，改善了结构在水平方向的受力性能。

1.2　连续刚构桥发展概况

连续刚构桥同时具有连续梁桥和 T 形刚构桥的优点，即连续刚构桥在悬臂施工时不需要临时固结及转换体系的工序，在运营期还可以同连续梁桥一样无伸缩缝，保证了行车舒适。连续刚构桥在顺桥向的抗弯刚度和横向的抗扭刚度大，满足特大跨径桥梁的受力要求。其中薄壁桥墩具有一定的柔性，还可适应结构的纵向温度变形，合理选择墩柱和梁的刚度，还可以减小梁跨跨中弯矩，从而可以减小梁的建筑高度。从结构上看，连续刚构桥具有结构整体性能好，抗震能力强，抗扭能力大，桥体简洁明快，施工、维护方便的特点。预应力连续刚构桥的经济跨径一般在 80～300m，既符合桥梁设计"安全、实用、经济、美观"的基本原则，又有很强的适应性，当桥墩较矮时，这种桥型的使用受到限制[5]。

预应力混凝土连续刚构桥最早是从国外发展起来的[1,6]，第一座大跨预应力混凝土连续刚构桥是 1964 年在原联邦德国建造的主跨为 208m 的本多夫桥，该桥采用薄壁桥墩来代替 T 形刚构的粗大桥墩，边孔做成连续体系，中孔仍采用剪力铰。这种桥型是连续刚构的雏形，它的主要受力仍延续 T 形刚构桥的受力特点。该桥既体现了悬臂施工方法的优越性，在结构形式上也有了突破，即墩梁固结，形成了带铰的连续刚构体系。此后，随着高等级公路对行车平顺舒适的需求，多伸缩缝的 T 形刚构桥已不能很好地满足要求，于是大跨径连续刚构体系得到了很大的发展，连续刚构体系在世界各地开始得到广泛应用。随着建筑材料和施工方法的进一步发展，20 世纪 70 年代建成的日本滨名大桥，主跨 240m；1979 年巴拉圭建成主跨 270m 的阿松星（Asuncion）桥；1982 年美国休斯敦（Houston）运河桥跨径为 114m + 228.6m + 114m，这是跨径较大、时间较早的连续刚构桥，主梁为单箱双室截面，刚性桥墩；1985 年澳大利亚建成了当时世界上最大跨径连续刚构桥——Gateway 桥，其主桥跨径为 145m + 260m + 145m，该桥采用双薄壁柔性墩，单箱单室截面，采用 C50 的高强度混凝土，桥墩高 47.5m，将连续刚构—连续体系的优点充分表现了出来,该桥是里程碑式的建筑。随着强度等级为 C60 以上的轻质高强混凝土在工程中的大量使用,更大跨度更高墩的刚构桥、连续刚构桥不断涌现,1998 年挪威建成主跨 301m 的预应力混凝土刚构桥——Stolma 桥(图 1-1),1999 年挪威又建成主跨 298m 的预应力混凝土连续刚构桥——Raft Sundet 桥[7]。

　　在国内,大跨径连续刚构桥起步较晚[8],1988 年才开始从国外引入连续刚构桥的设计与建设,1990 年建成我国第一座大跨径连续刚构桥,即主跨为 180m 的广东洛溪大桥(图 1-2)。洛溪大桥在我国第一次采用大吨位预应力体系和顶板首次采用"S 形"平弯束,是中国刚构桥发展的一个里程碑,从此中国的连续刚构桥便进入快速发展阶段。随着大跨径连续刚构桥在我国的不断应用和桥型设计有关问题的深入研究。我国在大跨径连续刚构桥的建设方面取得了举世瞩目的成果,先后建成了黄石长江大桥,主跨 245m;江津长江大桥,主跨 240m;虎门大桥辅航道桥,主跨 270m(图 1-3)。近几年,连续刚构桥在设计、施工和科研上均取得了重要的成果,建成的有云南元江大桥,主跨 265m;重庆石板坡长江大桥复线桥,主跨 330m,合龙段为 108m 钢箱梁,是世界上最大跨径的预应力混凝土连续刚构桥(图 1-4);苏通长江大桥辅桥,主跨 268m。表 1-1 列出了国内外建成的一些大跨径连续刚构桥。

图 1-1　挪威 Stolma 桥

图 1-2　广东洛溪大桥

图 1-3　虎门大桥辅桥

图 1-4　重庆石板坡长江大桥复线桥

国内外已建成的一些大跨径连续刚构桥　　　　表1-1

序号	国　家	桥　名	主跨(m)	建成年份(年)
1	中国	石板坡长江大桥复线桥	330	2006
2	挪威	Stolma桥	301	1999
3	挪威	Raft Sundet桥	298	1998
4	巴拉圭	Asuncion桥	270	1979
5	中国	虎门大桥辅桥	270	1997
6	中国	苏通大桥辅桥	268	2008
7	中国	元江大桥	265	2003
8	澳大利亚	门道桥	260	1985
9	挪威	Varodd-2桥	260	1994
10	中国	下白石大桥	260	2003

　　桥梁跨度逐年递增,这与科技进步、各种新型材料的出现以及设计水平的提升、施工工艺不断改进密切相关;各种复杂桥梁在我国的建成也体现了我国对于大跨、多跨、连续刚构组合桥的设计和施工技术已经非常成熟[8]。

　　虽然连续刚构桥型目前的混凝土开裂和梁体下挠的问题还未最终解决,但由于其突出的优点,依然具有广阔的应用前景。从目前国内外预应力混凝土连续刚构桥的发展趋势上看,连续刚构桥的可行跨度不仅可达350m,而且可以与预应力混凝土斜拉桥竞争。展望预应力混凝土连续刚构桥的发展方向,主要有以下特征[9-10]:

　　(1)在施工工艺改善与设计水平提高的基础上,跨径将进一步增大。

　　(2)随着结构的优化设计及新型高强轻质材料的研究和使用,桥梁的上部结构将不断轻型化,连续刚构的跨越能力将不断提高。

　　(3)简化预应力束类型。

　　(4)上部结构连续长度将进一步增加。

　　(5)提高对箱梁裂缝的认识和重视,从设计、施工、管理等方面对桥梁进行全方位研究,并采取相应对策。

　　(6)随着交通建设逐渐向山岭重丘区发展,连续刚构桥的跨度和桥墩高度将继续增加,且多跨情况下各墩高差显著。

　　刚构桥的研究发展与预应力混凝土的发展及桥梁分段悬臂施工技术的发展紧密联系。随着预应力和悬臂施工体系的发展,大跨径桥梁也迅速发展,使得高墩特别是超高墩连续刚构桥的实现成为可能。

1.3　连续刚构桥分段施工及合龙的重要性

"近30年来,桥梁工程界最重大而又引人注目的成就之一,就是预应力混凝土桥梁分段施工工法的形成及其分段施工技术的大规模推广应用,而且也得到了世界各国工程界的广泛承认[11]。"在今天,世界各国特别是桥梁建设方兴未艾的中国,都将桥梁的分段施工方法看作是一种经济快捷、适用性强、安全性高的施工方法。

与整体施工法或满堂支架施工法相比,桥梁结构分段施工是指桥梁结构的主要受力构件是由称之为梁段的单个块件,按预制或现浇(混凝土梁桥)的方式分段连成整体的施工过程。

按照分段施工概念,结合桥梁结构,特别是预应力混凝土桥梁结构的架设特点,桥梁分段具有三种基本形式,即"纵向分段施工"、"横向分段施工"和"竖向分层分段施工"。但在实际工程中,横向分段施工通常称为装配式桥梁施工,竖向分层分段施工又被看作是组合桥梁施工,唯有梁段的纵向连接的施工方法——纵向分段施工才是真正意义上的分段施工。

目前大部分新建桥梁都首先考虑采用分段施工方法,主要在于分段施工法具有的一系列特点:

(1)对于各类桥型、各种跨径和不同桥长,分段施工均是一种经济有效的施工方法,并且对斜、坡、弯桥也比较容易调整。

(2)大量的应用表明,分段施工比整体施工节省10%～20%的工程费用,因而合适的分段施工方法在经济上往往是非常实用的。

(3)分段施工可有效缩短施工周期,采用预制拼装式分段施工时更为明显,梁段可在下部结构施工时同时预制,然后在现场快速拼装,节省大量时间。

(4)分段施工有利于现场交通组织和对桥址处的环境保护,与整体施工法相比,占用更小的桥位空间。

(5)分段施工对现场施工条件的要求低。

(6)分段施工质量能够得到很好的保证,尤其是预制拼装式分段施工;即使是现场浇筑,也因为分段浇筑块件的局部性,施工质量高于整体施工的大体积块件。

(7)分段施工技术在整个施工过程中反复循环多次,无论是机具设备还是操作人员,所进行的操作大都是重复性的工作,易于培训学习,并且减小了失误的概率,具有很高的安全性和可靠性。

分段施工法一般分为四大类,即悬臂施工、逐跨施工、逐段施工和顶推施工[12-14]。

在大跨连续刚构桥的建设中,普遍应用的是悬臂分段施工方法。悬臂施工方法一般可分为悬臂浇筑施工和悬臂拼装施工两种形式,悬臂浇筑是在桥墩两侧对称段逐段就地现浇混凝土,待混凝土达到一定强度后进行张拉预应力筋,移动机具模板、挂篮继续悬臂浇筑;悬臂拼装是用吊机将预制梁段在桥墩两侧对称起吊,安装就位后固定紧固件或张拉预应力筋,使悬臂不断接长,直至合龙。

在连续刚构桥的分段节段施工中,桥梁的合龙标志着桥梁主体结构即将结束,同时也是桥梁施工的关键环节。悬臂浇筑施工的连续刚构桥、连续梁桥、斜拉桥、拱桥,合龙段施工质量尤其重要,是桥梁建设成败的重要标志。连续刚构桥悬臂浇筑合龙段施工是悬臂浇筑施工中的关键,合龙施工是连续刚构桥施工中最关键的施工工序之一。由于连续刚构桥是大型预应力混凝土构件,建成后可修复能力差,合龙施工是调节前期施工内力及线形误差的最后机会,合龙施工的好坏关系着整个桥梁的质量。

合龙方案的确定是预应力连续刚构桥悬臂施工的重要环节,尤其在多跨连续刚构桥中,合龙方案的选择不仅对合龙过程中结构的内部应力和监控提供的预抛高会产生明显影响,而且关系到施工安全、周期、成本等因素。因此对合龙方案的选择在满足规范要求的情况下,应根据地形、地质、交通、水文、边跨和中跨的比例、受力和稳定性等条件决定[15-21]。

合龙对桥梁的主要影响如下。

(1)影响合龙时桥梁结构的安全和成桥后到运营期的安全性和耐久性;

(2)合龙改变了合龙段所在跨的静定性质及浇筑梁段的收缩徐变进程,随着超静定次数和收缩徐变的变化,桥梁将产生与施工关联较大的次内力及内力重分布,影响成桥结构的位移和内力状态;

(3)合龙顺序是施工控制的敏感因素,合龙的内容不同,施工的难易程度就有所不同,对误差积累有明显影响;

(4)合龙顺序直接关系到各墩的施工进度安排,对工期和成本都有极大影响;

(5)先合龙的地方,将首先完成其所在桥跨由静定到超静定的转换,且随着合龙进程的推进,结构超静定次数会越来越高;

(6)因为各桥墩施工时间的差异,导致各梁段材龄不同,从而影响混凝土收缩徐变完成的早晚和快慢,从而导致成桥状态结构内力与位移的差异。

大跨径预应力混凝土连续刚构桥的悬臂施工是从 0 号块分段向前推进的。合龙段施工前,若两端梁体高差较大,将使桥面线形出现错台,影响合龙质量和桥梁美观,为了消除这种误差,常在合龙配重时,通过人为不平衡配重进行调节,并加强合龙锁定骨架的刚度。在合龙张拉完后释放骨架,使内力重新分配。另外,也可以放松高端的临时固结,使其挠度加大,以利于合龙施工。应该指出的是,上述通过压重等措施强行合龙,会使结构产生巨大的附加内力,最终对桥梁的受力性能是不利的,它只是一种补救措施。预应力混凝土连续刚构桥在节段浇筑完成后具有不可控性,基本上没有调整的余地,如控制不好,会在合龙段由于误差过大造成合龙困难,可见合龙段两侧悬臂端头高差大小是影响合龙质量的重要因素[22]。

随着国家交通事业的发展,西部大开发的深入进行,西部山区交通设施建设得以前所未有的发展,但由于西部山区特殊的地形限制,使得桥梁建设的发展日益朝着多跨高墩的方向发展。多跨情况下的合龙顺序已成为影响合龙的重要因素之一。合龙段是在悬臂梁端和悬臂梁端或悬臂梁端和现浇梁段之间,所以悬臂段和现浇段的高程、现浇段的施工方式也会影响合龙。顶推和施加配重对长悬臂端的竖向挠度产生很大影响。同时,温度及收缩徐变作用对结构受力性能的影响问题仍未很好地解决。

因此,影响合龙段施工质量成败的关键因素有:合龙顺序、合龙段配重、劲性骨架的设计、顶推力的施加、临时束的施加、合龙温度的选择、混凝土收缩徐变等。但实际的设计和施工中往往容易忽略计算,甚至一部分施工技术人员对合龙段各要素的作用理解不深,严重影响了合龙段的质量。因此,需采取必要措施,以保证合龙段的质量。

1.4 大跨径连续刚构桥合龙研究概况

连续刚构桥是在连续梁桥和 T 形刚构桥的基础上逐渐发展起来的,在桥梁的设计和施工过程中,计算和分析大都沿袭以前的方法、手段,合龙阶段的设计施工也与连续梁桥、T 形刚构桥相差不多。由于连续刚构桥的自身特点与具体桥梁的实际情况不同,在合龙问题的处理上,又与前两者不完全相同。

我国首先正式研究刚构桥合龙方案的工作,始于山东东明黄河公路大桥(刚构—连续梁组合体系)的建设[23]。当时由于经济性和工期的考虑,对传统的合龙顺序和多跨一次合龙的顺序进行了比较,探讨了多跨一次合龙的可能性和利弊。经过分析得出五跨一次合龙的分期合龙方案是可行的。实施结果也表明,该方案内力分布良好,经济效益明显。

陈列、徐公望[24]在对渝怀铁路沿线高墩大跨预应力混凝土桥各桥式(连续梁或连续刚构桥)方案及其合龙顺序选择的研究中,对两桥式的合龙顺序进行了探讨,提供了方案比较的思路和步骤,并对边跨现浇段、各合龙段的施工方案作了论述,对连续刚构桥的合龙设计、施工有一定参考价值。

王中南[25]对官洋溪特大桥边跨合龙方案分析时,利用挂篮新的合龙方案改装成吊架进行计算比较分析,探讨在地形陡峻、山高谷深的条件下,连续刚构、连续梁边跨合龙设计、施工取消现浇支架的可行性,供工程设计、施工参考。

吴关良、颜东煌[26-27]以贵州平寨特大桥主桥为工程背景,阐述了当今桥梁结构分析的有限元法,包括平面杆系有限元法、空间有限元法和工程结构优化设计理论。利用平面杆系有限元程序 BDCMS 建立贵州平寨特大桥主桥有限元计算模型,对其进行施工正装计算,复核计算了成桥运营阶段及施工阶段在永久作用、可变作用、作用效应组合下的结构线形和受力状态。此外还进行了混凝土收缩徐变作用对桥梁结构的影响分析、均匀温度作用和温度梯度作用对混凝土箱梁的影响分析,并对合龙顺序施工方案进行了优化研究,得出了一些对设计有益的结论。

杜细春[28]以伊犁特大桥为例,对刚构—连续组合梁桥的合龙技术从设计、施工、监控等方面做了分析,特别对刚构—连续组合梁桥的边跨、中间跨的合龙方式进行了对比,分析了不同边跨合龙方式对结构力学性能的影响,中间跨合龙段施工的工艺处理措施,介绍了合龙段混凝土浇筑过程及相关工艺要求,对各种施工工艺做了对比分析,对大跨度连续刚构桥的合龙施工及施工监控工作都有很强的借鉴意义。

周光伟等[29]以一座大跨预应力混凝土连续刚构桥为工程背景,分析了不同的合龙温度对桥梁结构内力的影响,并指出合龙温度对连续刚构桥设计的影响主要是对桥墩与桩等有关控制截面最不利组合内力的影响,得出在一般情况下,选择低温合龙对结构受力有利的结论;结合该桥高温合龙的实际情况,提出了连续刚构桥在高温合龙情况下采取预施加反顶力的施工对策,并通过结构分析与工程实践证明了采用该措施的有效性。

罗金标等[30]介绍了聚龙特大桥合龙段施工的方法和工艺流程,对施工中出现的合龙高差超限问题,提出了水箱压重和混凝土配重块压重的配重方式,并对两种配重方式进行了研究分析,最后在施工中实践了水箱压重的方法,使大桥顺利合龙,并使合龙精度达到施工规范。

现阶段连续刚构桥多跨体系箱梁桥的建设中,经常使用的体系转变步骤一

般为 T 构—Ⅱ 构—分段连续—形成全桥,常有如下几种:

(1)每次合龙一跨,从桥的一岸逐跨向另一岸推进,或从两端向中间推进,或从中间对称交替向两边延伸,直至完全合龙。每合龙一个 T 构,将后方墩梁的临时固结解除。该方法的优点是每个 T 构受力基本相同,合龙时桥墩只承受一跨的温度应力,施工容易。但对施工顺序要求严,作业面少,工期长。

(2)单 T 构先静定“小合龙”,再按既定顺序进行超静定“大合龙”。各墩顶悬臂施工形成 T 构以后,先两两合龙形成稳定的 Ⅱ 构,然后将各 Ⅱ 构逐个连成整体。Ⅱ 构的连接称为超静定大合龙,并伴随着结构体系转换,内力重分布。它可以是从中间 2 个 Ⅱ 构开始,依次向两侧延伸,每侧连接 1 个 Ⅱ 构;也可以是从两边开始,最后两半桥正中间合龙成全桥。该方法施工可以全面进行,互不干扰;小合龙形成稳定结构,比较安全;个别 T 构施工受阻,对全桥无决定性影响;体系转换对称进行,桥墩和每跨箱梁受力比较均匀合理。

(3)大、小合龙方式综合采用。多跨长桥,由于桥墩多,需多工点同时施工,而挂篮因数量有限,必须分批倒用,先后施工,现场情况又千变万化、十分复杂,往往使上述较理想的方案不能得到完全实施。因此综合采用上述方法。

多跨连续刚构桥梁,一般都采用对称的方式合龙各跨,要么从边跨同时向中跨合龙,要么从中跨对称向边跨延伸。当工期紧张时,也有桥梁采用先“小合龙”、再“大合龙”的方法,甚至多跨一次性合龙,但处理时均注意结构的对称性。另外,也因其墩梁固结,具有足够的稳定性,合龙顺序的选择还要根据大桥地形、交通、水文、地质、边跨和中跨的比例、受力和稳定性等条件确定[31-38]。

总之,合龙施工是施工技术的重要组成部分,合龙方案的选取在大跨径桥梁的施工中已成为关键的环节。由于大跨径连续刚构桥采用悬臂施工,且跨径大、连续孔数多,有效地实施施工控制对桥梁施工过程中的结构安全、确保最终大桥的顺利合龙,以及成桥状态的线形和受力情况符合设计要求,是必不可少的。

1.5　一次合龙技术的提出

大跨连续刚构桥梁结构的分段施工一般要经历一个长期复杂的施工阶段。按照传统的合龙工艺,多跨连续刚构桥的合龙需经过几次结构体系的转换,随着施工阶段的推进,桥梁的结构形式和荷载作用方式等都在不断发生变化。结构中的最终恒载内力与施工合龙的程序有关,不同的施工程序,由于它们的初始恒载内力不同,在体系转换的过程中,由徐变引起的内力重分布的数值也不同。采用不同的合龙顺序对整个桥梁建设的工期和成本的影响也不同,因此,选择正确的合龙顺序至关重要[7]。

目前,连续刚构桥比较成熟的施工技术一般按"对称悬臂浇筑→边跨合龙→中跨合龙"的顺序施工。由于大跨径连续刚构跨径大、连续孔数多、超静定次数高,其成桥需经历一个长期而复杂的结构体系转换过程,而且,对于多跨布置的连续刚构桥梁,这种成桥顺序需要的工期长,施工成本大。

不同的合龙方法成桥时结构的受力状态不同,在超静定结构中恒载的受力状态对混凝土后期收缩徐变和预应力有效性都有较大影响,从而影响结构的长期挠度。如果成桥时各截面存在正(负)弯矩,在若干年后混凝土所发生的徐变也必然沿着已有的转角方向发生应变,即产生徐变挠度。目前一般设计都将梁体的自重挠度反方向预抬高,使主梁在外形上做到合龙时主梁高程与设计相符。这种做法没有解决力的平衡问题,在内部仍然存在弯矩。这些弯矩产生的梁体转角也没有消除,所以随着时间增长,混凝土发生徐变后,梁体将沿着原来存在的转角方向发生下挠,因此设置预拱度实质上没有解决梁体混凝土徐变发生转角下挠的问题。

如果在成桥前,结构都属于静定结构,混凝土收缩徐变这个不确定性因素在结构中不产生次内力,可以通过调整预应力使得成桥时各截面处于"零弯矩"状态,从而减少甚至避免徐变挠度的产生。因此,提出多跨一次合龙,即在合龙前结构处于静定状态,可以精确地计算成桥时的结构内力,使截面处于"零弯矩"状态。

多跨一次合龙,可缩短整个合龙工程的工期,工序紧凑。对于静定结构,混凝土收缩徐变不会引起结构次内力,各工况条件下的挠度计算值与实测值容易吻合,而对于超静定结构,计算值与实测值就容易出现一些偏差,因此,进行一次合龙对于挠度控制是十分有利的。

此外,多跨连续体系一次合龙,使合龙段的荷载同时作用在最终结构上,可使内力的变化更趋均匀,比逐孔合龙相继产生的次内力随超静定次数的增加,其作用的结构形式不断改变所带来的复杂内力计算要简单得多。

因此,采用多跨连续体系一次合龙,可以达到线形正确、受力合理、成桥快的目的。

第 2 章 一次合龙的可行性研究

为了探讨多跨一次合龙关键技术的可行性,本章针对不同跨数、不同合龙顺序的各种合龙方案开展了大量的参数分析,为一次合龙关键技术的实施提供了理论基础。

箱梁的长期变形主要由混凝土收缩、徐变产生,以下简要介绍相关理论。

2.1 混凝土收缩、徐变的基本概念

混凝土体内所含水分的变化、化学反应以及温度降低等物理化学因素引起其本身体积缩小的现象,统称为混凝土的收缩。它是不依赖于荷载,而与时间有关的一种变形。

当混凝土处于自由状态时,混凝土的收缩不会导致什么不良后果,但实际上混凝土结构由于基础、钢筋或相邻部分的牵制而处于不同程度的约束状态。混凝土的收缩因受到约束会引起拉应力,由于混凝土的抗拉强度不高,因而收缩容易引起混凝土开裂。对于承重混凝土结构,裂缝可能会影响承载能力、建筑物安全以及使用寿命。混凝土的收缩往往持续很长时间,甚至在 28 年以后还在继续收缩。长期收缩中有一部分是由于碳化,收缩的速度则随时间而急剧降低。若以 20 年的总收缩值为标准,则在 2 个星期内完成 20% ~30%,在 3 个月内完成 50% ~60%,在 1 年内完成 75% ~85%。

混凝土的收缩主要有五种:塑性收缩(plastic shrinkage)、温度收缩(temperature shrinkage)、碳化收缩(carbonation shrinkage)、自生收缩(autogenous shrinkage)和干燥收缩(drying shrinkage)。引起各种收缩的原因和机理可以解释为:

(1)塑性收缩(凝缩)是由于混凝土终凝前水化反应激烈,分子链逐渐形成,出现的体积减缩现象。塑性收缩都发生在混凝土拌和后约 3 ~12h 以内,因为发生时混凝土仍处在塑性状态,因此把这种凝缩叫塑性收缩。凝缩的大小约为水泥绝对体积的 1%,随混凝土用水量、水灰比增大而增大。

(2)温度收缩是混凝土由于温度下降(在 0℃以上)而发生的收缩变形,又叫

冷缩。对于大体积混凝土,裂缝主要是由温度变化引起的。

(3)碳化收缩是混凝土中水泥水化物与空气中的 CO_2(在有水分的条件下,真正的媒介是 H_2CO_3)发生化学反应的结果。碳化收缩的主要原因在于水泥水化物中的 $Ca(OH)_2$ 结晶体碳化成为 $CaCO_3$ 沉淀。碳化收缩的速度取决于混凝土的含水率、环境相对湿度和构件的尺寸,当空气中相对湿度为 100% 或小至 25% 时,碳化收缩停止。碳化收缩相对发展得较晚,而且一般只局限于混凝土表面。

(4)干燥收缩是混凝土干燥时的体积改变,是由于混凝土中水分在新生成的水泥石骨架中的分布变化、移动及蒸发引起的。结构收缩计算主要是针对干燥收缩。国内外有关文献对混凝土的干燥收缩机理进行了分析,认为干燥收缩是由于混凝土内部毛细水分的扩散消失所致。

(5)自生收缩是指混凝土在密封(与外界无水分交换)条件下,因水泥水化反应而产生的自身体积变形。干燥收缩则是混凝土暴露在空气中时因为空隙水散失而引起的体积变形。我们一般所说的收缩是两者之和,即全收缩。根据 H. E. Davis 等的研究,普通混凝土的极限自收缩应变最大仅为 100×10^{-6},因此从实用角度出发可忽视其影响(只有在大体积混凝土中考虑),而只需考虑干燥收缩的作用。然而高强混凝土因为水灰比小、水泥用量大,表现出的自收缩更早、更快、更明显。有关文献中证实高强混凝土的干燥收缩远小于自生收缩(大约为3:7),而高强混凝土的自收缩在初始阶段急剧增加,尔后随时间慢慢增大,90% 以上的自生收缩都发生在前 28d,故其影响不可无视。因此对于干燥条件下的高强混凝土必须同时考虑自生收缩和干燥收缩。

2.1.1 混凝土收缩机理

塑性收缩发展很早,碳化收缩又发展得很晚,而且需要有特定的条件,温度收缩发生在温度变化时,研究徐变时一般都控制这三种收缩,而只考虑干燥收缩和自生收缩。以下简述了这两种收缩的机理。

干燥收缩的原因是混凝土内部水分的散失,需要指出的是,干燥开始时所损失的自由水不会引起混凝土的收缩,干燥收缩的主要原因是吸附水的消失。对此,Powers 和 Bazan 曾解释为:当水化水泥浆中胶凝质点间的距离小于 10 个水分子的厚度时,则吸附在其间的水分子就会产生一种劈张力来平衡胶凝质点间的分子引力,造成材料的体积膨胀。因此,在失去这种吸附水时就将导致体积的收缩。

早在60多年前,Davis就用"autogenous volume change"(自身体积变形)描述了混凝土的自生收缩现象。由于当时所用的混凝土水灰比较大,自生收缩测定值只有$(50 \sim 100) \times 10^{-6}$,这与干燥收缩相比几乎小一个数量级,再加上实测的干燥收缩中包括了混凝土的自生收缩,因而自生收缩问题一直没有得到足够的重视。随着高强高性能混凝土的研制及应用,混凝土的水灰比不断降低,混凝土的自生收缩逐渐被人们关注。近年来的研究表明,随着水灰比的降低,自生收缩所占比重越来越大。现有的试验方法测量的干燥收缩应变中包含了同条件下的自生收缩应变。对于普通混凝土,自生收缩约为干燥收缩值的1/l0;对于高强混凝土,自生收缩变形较大,实际测量到的自生收缩值大约占到$1/3 \sim 1/2$;对超高强度混凝土,自生收缩变形则要占到90%以上。

从自生收缩的形成规律出发,认为自生收缩是指在恒温绝湿的条件下,混凝土初凝后因胶凝材料继续水化引起干燥而造成的混凝土宏观体积的减小。并且指出,一般情况下,水泥继续水化会引起两种收缩:一种是化学收缩,另一种为自生收缩。自生收缩不同于化学收缩,化学收缩并不引起混凝土材料宏观体积的变化,仅仅增加了孔隙体积,而自生收缩发生在整个混凝土中。由于水泥水化反应,水化生成物体积小于水与未水化水泥的体积之和,从而在硬化体中产生孔隙。水化初期,水泥粒子周围充满了水,由于水泥浆体结构疏松,外部及周围水分容易移动,因而,形成的孔隙中充满了水。随着水化的进一步进行,孔隙中水分不断消耗及结构不断致密,孔隙水的移动变得困难。当外部没有水分供应或外部供水的渗透速率低于孔隙形成速率时,由于水分不足,孔隙内不能充满水,孔隙内的相对湿度开始下降,从而在硬化体中发生自干燥,孔隙中的水成为凹月面,由于毛细管张力的作用,水泥浆体发生自生收缩。

2.1.2　混凝土徐变的基本概念

徐变是混凝土材料本身所固有的特征,它是指在持续荷载作用下,混凝土的应变随时间增长的现象(图2-1)。在长期荷载作用下,混凝土体内水泥胶体微空隙中的游离水将经毛细管里挤出并蒸发,使胶体缩小形成徐变。徐变应变是随持荷时间的增长而增加的,但其增加的速度又是随时间递减的。混凝土徐变可以持续非常长的时间,一般在5~20年后其增长逐渐达到一个极限值,但大部分徐变却在1~2年内完成。若以持荷20年的徐变为准,则持荷2周时的徐变为20年的25%、3个月的徐变为20年的50%、1年的徐变约为持荷20年的75%。一般徐变变形比瞬时弹性变形大1~3倍,在某些不利条件下还可能更大。因此,在结构设计中,徐变是一个不可忽略的重要因素。由此可见,混凝土收缩的发展规律与混凝土徐变的发展规律基本相似。混凝土收缩、徐变特性是由一些共同的基本因素所决定的,二者是相互影响的,一般收缩值大的混凝土,其徐变值也大。

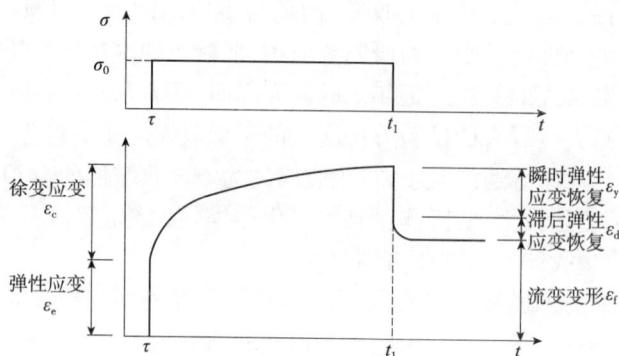

图 2-1　混凝土加载与卸载时的徐变行为

　　根据受荷试件是否与周围环境发生湿度交换,可将混凝土的徐变分为基本徐变和干燥徐变。基本徐变是指在荷载作用下无水分转移时的徐变试件体积改变,密封养护时试件的总变形中扣除加载时的弹性变形和自收缩变形所得即为基本徐变;而干燥徐变为徐变试件与周围环境介质发生湿度交换所引起的附加徐变变形。全徐变应变是指在荷载作用下徐变试件与环境介质发生湿度交换时的总徐变变形,它包括基本徐变和干燥徐变两部分。全徐变应变是由干燥状态下徐变试件的变形中扣除加载时的弹性变形和全收缩变形(自收缩和干燥收缩)而获得。

2.1.3　混凝土徐变机理

　　自从 20 世纪 30 年代国内外学者对混凝土徐变性能系统研究开始,对于混凝土徐变的机理、原因,不少学者根据不同的假设提出了各种不同的理论,一般都以水泥浆体的微观结构为基础,认为混凝土中可蒸发水的存在是产生徐变的主要原因。而迄今为止还没有哪一种理论与假设被广泛接受。这些理论主要有:黏弹性理论、渗出理论、黏性流动理论、塑性流动理论、内力平衡理论及微裂缝理论等。

　　(1)黏弹性理论

　　黏弹性理论是把水泥浆体看成为弹性的水泥凝胶骨料,其空隙充满着黏弹性液体构成的复合体。加给水泥浆的荷载起初一部分被固体空隙中的水所承受,这样推迟了固体的瞬时弹性变形。当水从压力高处向低处流动时,固体承受的荷载就逐渐加大,增大了弹性变形。荷载卸除后,水就流向相反方向,引起徐变恢复。与这个过程有关的水,仅是毛细管空隙和凝胶空隙中的水,而不是凝胶微粒表面的吸附水。

（2）渗出理论

混凝土徐变的渗出理论由利奈姆（C. G. Lnyam）于1934年首先提出。该理论认为混凝土徐变是由于凝胶粒子表面吸附水和这些粒子之间的层间水（在荷载作用下）的流动引起的。水泥浆体承受压缩荷载后,凝胶微粒之间的吸附水和层间水就缓慢地排出而产生变形。当水被挤出后,凝胶微粒承受的应力增加,而作用于水的压力相应减小,结果导致水渗出速度的减小。

徐变是在凝胶与周围介质达到新的湿度平衡时的一种现象。因此,这里必须强调该理论渗出的水是凝胶水（吸附水和层间水）,而不是毛细水和化学结合水。由于凝胶水被挤出,使微粒之间距离缩短而处于微粒间力的作用范围内。在外荷载作用下,水分子进一步接近,使微粒之间的表面能降低,而且引起一部分化学结合,这就增加了凝胶的稳定性。因此,在卸荷以后,凝胶不会恢复到加荷前的状态,由这种过程引起的徐变就是非恢复徐变。吸附水的渗出速度取决于压应力和毛细管通道的阻力。作用应力越大,水分的渗出速度和变形速度也越快,相应徐变也越大。混凝土强度取决于水泥石的密实度,而密实度大的水泥石,毛细管通道的阻力也大,水分的渗出速度和变形速度则小,相应徐变也小。因此,强度高的混凝土,徐变小;反之,则徐变大。

（3）黏性流动理论

黏性流动理论由托马斯（E. G. Thomas）于1937年首先提出。他认为,混凝土可分成两部分,一部分是在荷载作用下产生黏性流动的水泥浆体;另一部分是在荷载作用下不产生流动的惰性骨料。当混凝土受荷时,水泥浆体的流体受到骨料的阻碍,结果使骨料承受较高的应力,而水泥浆体承受的应力随时间而减小。由于水泥浆体的徐变与加荷应力成正比,因此,随着加荷应力逐渐从水泥浆体转移到骨料来承受,从而徐变速率将逐渐减小。

前苏联学者谢依金认为,由结晶的连生接触点连接起来的结晶水化物,组成了结晶连生体,它是完全弹性,并具有很高的塑性抗剪强度。而托勃莫来石凝胶的弹性极限低,随时间而增加。在应力作用下,这种凝胶具有黏性流动的性质。因此,当水泥石受荷时,一开始结晶连生体和托勃莫来石凝胶都同时承受荷载。其后,随时间的推移,托勃莫来石凝胶由于产生黏性流动而逐渐卸荷,此时结晶连生体承受了更多的外力,并产生了弹性变形。托勃莫来石凝胶的黏性流动速率与加荷应力成正比。由于凝胶所承受的应力随时间的增长而逐渐减小,因此混凝土的徐变速度具有逐渐衰减的特性。

另外,从水泥浆体微观结构来看,受吸附水覆盖的凝胶微粒的切点上也会产生滑动,这种滑动是由于微粒之间吸附水的黏性流动而引起的,由这种机理产生的徐变是一种非恢复性徐变。但这种黏性流动不是在任何应力作用下都能发生的,而是需要应力达到某种程度以上。这是因为水被吸附后的能量状态比自由水的低,为了使它流动,就需要提高其能量(活化能)。暴露在较高湿度的情况下,固体胶体颗粒之间的水层厚度会增加,分子力的作用减小,胶体黏度降低,胶体颗粒变得润滑。升高温度可以改变固体颗粒的聚合度和干扰液体分子的定向运动。因此,黏性流动能在胶体中发生,这些滑动是不可恢复变形的。

(4)塑性流动理论

该理论认为,混凝土徐变类似于金属材料晶格滑动的塑性变形。当加荷应力超过金属材料的屈服点后,塑性变形就发生。福格脱(F. Vogt)观测到混凝土变形,某些方面类似于铸铁和其他易碎金属。金属材料塑性变形是晶格沿最大剪切面移动的结果,是没有体积变形的;而混凝土的抗剪切能力比抗拉伸能力强,因此,混凝土因剪切发生前的拉伸而破坏。

混凝土徐变导致体积的减小,这与金属的塑性变形不同。实用的晶格滑动理论是由格拉维尔(W. H. Glanvine)等于1939年建立的。他们认为,在低应力作用下混凝土徐变是黏性流动,而在高应力作用下,混凝土徐变则是塑性流动(晶格流动)。这是因为,当加荷应力小于分子结构内部热能时,材料表现为黏性;当加荷应力大于分子结构内部热能时,材料表现为塑性。混凝土材料在高应力作用下所表现出的塑性实际上是"假塑性"。这是因为金属材料和混凝土(非金属材料)材料的化学结合力不同。金属的化学结合力是金属化学键,它很容易形成、破裂和恢复,这就决定了金属材料具有能引起晶体延展的大的流动性和可塑性。而混凝土中的水泥石,主要作用着具有很大刚性的化学离子键,从而决定混凝土材料只能发生脆性破坏,根本就没有什么真正的塑性。混凝土应力一应变关系的非线性所表现的"塑性",是由其组成材料界面上黏结微裂缝扩展而引起的。

(5)微裂缝理论

在多相混凝土组成材料的界面上,受荷前就有黏结微裂缝存在,这是由于混凝土硬化过程中骨料沉降、拌和水析出及干缩应力引起的。对正常工作应力范围,裂缝界面通过摩擦连续传递荷载,微裂缝仅稍微增加一些徐变。当荷载超过正常工作应力时,界面上黏结微裂缝就会扩展并逐渐产生新的微裂缝;当荷载再增加,还会产生少量穿越砂浆的裂缝,甚至产生穿越骨料的裂缝,最后各种裂缝迅速发展,并逐渐贯通。

前苏联学者别尔格是苏联最早用裂缝的产生和发展来解释徐变的研究者之一。他认为,只有当加荷应力大于抗裂强度时,微裂缝才会对混凝土的徐变有明显影响。他用声学方法取得了一系列试验数据。试验结果表明,当加荷应力小于抗裂强度时,超声波脉冲在混凝土中的传播时间就不断下降,从而说明混凝土结构继续变得密实;当加荷应力大于抗裂强度时,由于微裂缝的产生和发展,在长期荷载作用下便产生了附加变形,这使混凝土徐变与应力间的关系表现为明显的非线性关系。

(6)内力平衡理论

内力平衡理论认为水泥浆体的徐变是由于荷载破坏了开始存在于水泥浆体中的内力平衡状态,并达到了新的平衡的变化过程。这时,内力包括凝胶微粒产生收缩的表面张力,凝胶微粒之间的力(主要是范德华力),还有广泛而均匀地分布于凝胶微粒表面上的吸附水,在胶粒切点分离作用的压力,以及静水压力等。其中以吸附水的分离压力的作用最为重要。根据这个理论,内力平衡将由于荷载、温度、湿度变化的任一个原因而破坏,从而产生干燥收缩和徐变,两者原因不同,却现象相同。

美国混凝土学会209委员会在1972年的报告中将徐变的机理分为:

①在应力和吸附水层润滑作用下,水泥胶体的滑动或剪切产生的水泥石的黏稠变形。

②在应力作用下,由于吸附水的渗流或层间水转移而导致的紧缩。

③水泥胶凝体对骨架弹性变形的约束作用所引起的滞后弹性变形。

④由于局部发生微裂、结晶破坏以及重新结晶与新的连接而产生永久变形。

以上这些解释徐变机理的理论,还没有哪一种理论能得到满意的解释,但把几种理论结合起来可能会得到比较满意的结果。比如,加荷初期,混凝土徐变速率很大,而后随着时间而减小,且产生可复徐变(滞后弹性变形),这可用黏弹性理论和黏性流动理论来解释。这期间还产生不可复徐变,这可用渗出理论来解释。继续加荷,主要产生不可复徐变,这可用黏性流动理论来解释。当加荷应力超过正常工作应力时,徐变速率又迅速增大,应力—应变呈非线性关系,这可用塑性理论和微裂缝理论来解释。不过,该阶段徐变在实际结构中很少发生,通常混凝土结构的徐变最终将趋于稳定。

Nevill教授在他1983年出版的著作中指出,所有的理论对徐变机理都不能得出明确肯定的结论,一种普遍同意的观点是:收缩、徐变的基本原因是相同的,某些可蒸发水分的存在对徐变的影响才是主要的。

2.1.4 影响因素分析

1)影响因素概述

混凝土作为一种复合多相的人工建筑材料,其收缩、徐变性能的影响因素众多,几乎在混凝土产品设计制造整个过程中所涉及的各因素都会对其产生影响。基于混凝土收缩、徐变的物理机理,混凝土的收缩、徐变中的大部分是由一些共同的基本因素决定,如水泥水化浆的物理结构、混凝土失水等。影响混凝土徐变的因素很多,归纳起来可以分为内部因素和外部因素两部分,如图 2-2 所示。

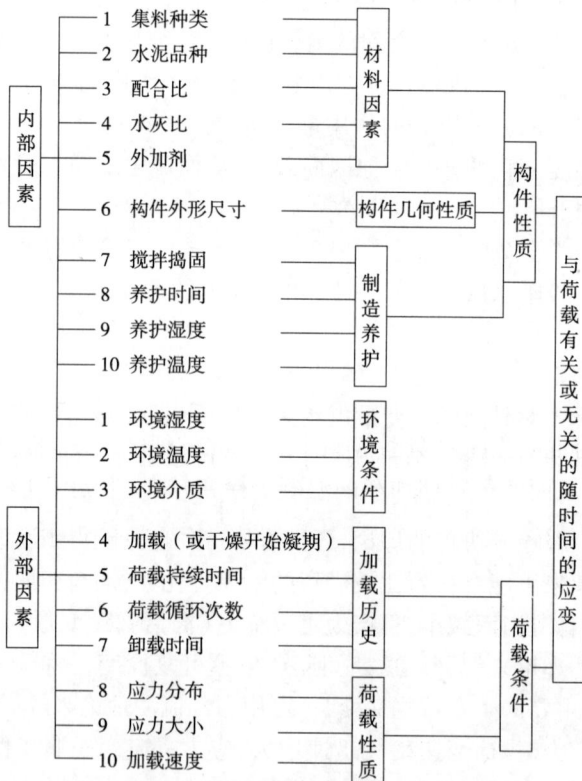

图 2-2 影响混凝土收缩、徐变的因素

需要说明的是,影响混凝土收缩的因素是与荷载条件无关的部分,而对混凝

18

土徐变与收缩均有影响的因素,其作用却不尽相同。很多文献都对这些影响因素进行过较为详细的讨论,现将这些主要因素对混凝土收缩、徐变的影响规律及研究进展简要介绍如下。

2)材料因素影响

(1)集料影响

一般来说,在外荷载作用下,普通的自然岩石集料只产生瞬时弹性变形,而产生的徐变变形极小(一般可不考虑)。但集料的存在对水泥石的变形起约束作用,约束的程度则取决于集料的刚度(弹性模量)及集料在混凝土中所占的体积比例。

因而徐变量同集料品种有关,集料的刚度越大,混凝土的徐变量越小。在普通混凝土中,徐变来自硬化的水泥石。集料比水泥石坚硬,集料的弹性模量越低,对混凝土徐变的约束影响就越小。一般而言,当集料的弹性模量小于70GPa时,随着集料弹性模量的降低,徐变显著增大。

(2)水泥影响

水泥品种对混凝土收缩影响较大。另外,水泥成分对混凝土自生收缩的影响要比对干燥收缩的影响大。与配普通波特兰水泥的混凝土相比,配早强水泥的混凝土在早龄期,及配高炉矿渣水泥的混凝土在晚龄期都可观测到较大的自生收缩。

水泥品种对混凝土徐变的影响不大,主要在于其对混凝土加载时的强度及加载后强度的增长速度的影响。当加载龄期、应力和其他条件相同时,则混凝土强度发展较快的水泥将导致较低的徐变。

水泥细度对混凝土的徐变也有所影响:水泥的细度越细,水泥浆就会发生反常的缓凝现象,从而使早龄期加载的混凝土徐变越大,但到了1年以后,水泥细度较细的混凝土徐变反而比水泥细度较粗的混凝土徐变小,这是因为较细细度水泥的后期强度高速增长,使实际的应力比下降。

(3)矿物掺和料、外加剂影响

为满足工程需要,改善混凝土的性能,常在混凝土中掺加各种化学和矿物掺和料,如各类减水剂、高炉矿渣、粉煤灰和硅粉等。相关文献研究了常见掺和料对混凝土收缩和徐变的影响,认为掺和料对混凝土的弹性模量及抗压强度没有明显影响;对混凝土的长期徐变和收缩,与不含掺和料的相同配合比的混凝土相比,掺和料的平均效应是:①掺减水剂,徐变和收缩减小20%;②高炉矿渣或粉煤灰含量增加时,徐变减小,但收缩不变;③掺少量硅粉,徐变略为减小,但掺量在约 16% 以上时,徐变增加,总收缩受硅粉影响不明显。我国水利部门的试验结果是:90d 时粉煤灰混凝土强度已经与普通混凝土接近,其徐变小于普通混凝土,在强度相同的条件下,粉煤灰混凝土的徐变小于普通混凝土。

外加剂主要是指减水剂和引气剂。减水剂的使用目的不同,对混凝土徐变的影响也不同。一般来说,掺减水剂是为了提高强度时,其徐变比不掺的小;为了节约水泥,保持强度不变时,其徐变与不掺时基本接近;为了提高流动性时,其徐变比不掺时的大。一般情况下,掺引气剂使混凝土的徐变增加。

目前,对掺用矿物掺和料、外加剂时,混凝土的收缩、徐变的研究结果还存在较大差异,所以在应用时应经过试验来确定。

(4)水灰比、水泥用量、含水率影响

在同样的水泥浆含量及同样的初应力作为比较的基础上,水灰比增大,徐变增大,水灰比愈低,则徐变也愈低。水灰比增加,收缩也增加,从而使内部裂纹增多,于是使混凝土的强度减弱,进而导致徐变变形增大。水灰比较高时,集料与水泥浆之间的咬和力减少,使得微裂纹增多,最终使徐变更大。徐变与加载时混凝土强度成反比,由此可以看出混凝土的收缩徐变、强度、刚度等的内在联系。水灰比大的混凝土,水泥颗粒间距大,毛细管孔大,强度低,则徐变就大。

混凝土的水灰比越小,徐变也越小,在水灰比相同的情况下,水泥浆数量低的混凝土徐变大。对混凝土而言,水灰比的影响比水泥浆的影响大,虽然水泥浆数量较小会减小徐变,但由于水灰比的影响更大,故一般情况下,贫混凝土的徐变比富混凝土的徐变大。水泥的水化程度增加,徐变减小,所以水养护混凝土的徐变小于气养护混凝土的徐变。在其他条件相同时,混凝土的徐变随水灰比增加而增长。但若取混凝土的“初应力/强度”比值相同时,水灰比愈小,徐变反而愈大,这是因为低水灰比混凝土相对初始强度的发展速度小于高水灰比混凝土。

高强、高性能混凝土的微观结构与普通混凝土有很大区别,主要体现在更低的气孔率、更均匀的硬化水泥浆结构及硬化水泥浆和骨料的界面结构的差别上。研究认为高性能混凝土的徐变与普通混凝土的徐变的基本区别有两点:①高性能混凝土的总徐变应变量,即干燥徐变和基本徐变之和,要比普通混凝土低得多,原因是高性能混凝土硬化水泥浆强度和刚度高;②高性能混凝土的干燥徐变比普通混凝土低得多,而基本徐变则略低一些,随着强度的增大,强度对干燥徐变和基本徐变值的影响都减小。

3) 构件外观尺寸影响

混凝土的收缩、徐变均与构件本身的尺寸有关。构件尺寸决定了介质湿度和温度影响混凝土内部水分溢出的程度,随构件体表比的增大,混凝土的收缩和徐变减小。但当混凝土与环境达到湿度平衡时,尺寸效应将消失。试验表明,当构件体表比超出 0.9m 时,尺寸因素可以忽略不计。大体积的混凝土,由于没有干燥对徐变的附加影响,其徐变较小。

当环境介质的温度和湿度保持不变时,混凝土内水分的溢失取决于构件的尺寸和体表比(构件体积与表面积之比)。有关文献通过试验研究认为,构件的形状和截面尺寸影响混凝土收缩和徐变的发展速度,也会影响到混凝土收缩和徐变的终值,总体而言,在其他条件相同的情况下,混凝土收缩和徐变的发展速度随着构件体表比(或者理论厚度,等于两倍体表比)的增加而减少。

4) 养护条件、环境条件影响

养护条件对混凝土的收缩影响较大,养护 14d 的混凝土收缩比养护 3d 的收缩降低约 20%。混凝土的收缩往往持续很长时间,甚至在 28 年以后还在继续收缩。因此,延长潮湿养护时间可以延缓收缩的过程。蒸汽养护可以减少混凝土的收缩,高压蒸汽养护更能显著地减少混凝土的收缩。

周围环境的相对湿度是影响混凝土徐变的极重要因素之一。周围环境的相对湿度影响混凝土干燥徐变,较低的环境相对湿度使收缩增大,而收缩促进干燥徐变,因此,相对湿度越低,混凝土徐变量越大。如果混凝土试件还处于干燥过程中时早期加载,使混凝土产生干燥徐变,则相对湿度这一参数就起主要作用。如果在加载前试件的湿度与周围环境的相对湿度已达到平衡,则相对湿度的影响最小。如果以混凝土在水中的膨胀为标准 1,则在相对湿度为 70% 的空气中的收缩约为 6,在相对湿度为 50% 的空气中的收缩约为 8。

温度也是影响混凝土徐变的外部因素之一。一般来说,温度升高,使混凝土的黏性降低,也使其弹性模量降低,徐变率增大。当温度在 20~90℃ 之间时,71℃ 的徐变率为最大。在温度较高时,徐变与温度间的关系是变化很大的。在正常的设计工作中,只需做到确保新鲜混凝土不致冻结,否则就会产生很大的初始徐变率。

5) 加载龄期影响

混凝土在硬化以后一段相当长的时间内,它的物理特性如强度、弹性模量、徐变等,还与浇筑后经历的时间的长短有关。混凝土的龄期是从混凝土浇筑到计算时刻的那一段时间,加载龄期则是从混凝土浇筑到施加荷载或预应力的那段时间,混凝土徐变随加荷龄期的增长而减小。

在大多数混凝土配合比范围内,徐变与加载时的混凝土强度成反比,而强度与加载龄期又存在正比关系。加载龄期愈早,水泥的水化愈不充分,混凝土的强度愈低,混凝土的徐变也愈大。加载龄期对混凝土徐变有非常显著的影响。若以 28d 龄期的加荷徐变为基准,则 3d 龄期的加荷徐变为 28d 龄期的 1.6～2.3 倍;7d 龄期的加荷徐变为 28d 龄期的 1.5 倍;90d 龄期的加荷徐变为 28d 龄期的70%;1 年的加荷徐变为 28d 龄期的 35%～50%。

6)加载应力、持荷时间影响

当加载应力在混凝土强度的 40% 以内,即在工作应力范围内,徐变与加载应力成直接的比例关系,所以可以用徐变度(或徐变比,即单位应力发生的徐变)表示。在加载应力为混凝土强度的 40% 甚至 50% 以上时,微裂缝开展增加将影响混凝土的徐变,此时徐变与应力的关系将导致作用应力低于极限强度。如果加载应力达到棱柱体抗压强度的 75%,由于应力的长期作用,将导致混凝土提前破坏。

很明显,混凝土持续受载的时间愈长,徐变就愈大。由于混凝土的水化作用是一个延续的过程,所以在持续荷载作用下的试件理应呈现出徐变的不断增加,虽然随着龄期的增长,徐变的增长率显著下降。大部分徐变变形在一年内(主要是前三个月)完成,其余部分将持续很长时间(20 年)才能完成。

2.1.5 徐变对桥梁结构的影响

徐变对桥梁结构的影响主要如下:
(1)引起截面内钢筋和混凝土间发生时变应力重分布;
(2)在有体系转化的超静定结构中,将引起结构内力重分布;
(3)引起梁体变形随时间而变化;
(4)导致偏压柱初始偏心距增大,降低承载能力;
(5)在预应力混凝土结构中,导致预应力损失;
(6)使开裂的钢筋混凝土或预应力混凝土的裂缝宽度随时间而增大;
(7)由于发生界面内应力重分布或结构内力重分布,可能改变结构在最不利荷载作用的安全裕度。

2.2 不同收缩、徐变计算模型

一般认为,影响混凝土徐变的主要因素包括:混凝土的组成材料及其配合比、养护条件、工作环境的湿度与温度、构件的尺寸以及承受的应力大小、加载龄期、荷载持续时间等。目前国内外对混凝土徐变的分析存在各种不同的理论,考虑的因素不尽相同,采用了不同的计算模式。归纳起来,国际上徐变系数的数学表达式有两种:一种数学表达式将徐变系数表达为一系列系数的乘积,每一个系数表示一个影响徐变值的重要因素,目前采用这种表达式的有英国规范 BS 5400(1984 年版)和美国 ACI209 委员会的建议(1982 年版)等,1990 年版 CEB-FIP 标准规范也类似于乘积形式;另一种数学表达式将徐变系数表达为若干个性质互异的分项系数之和,采用这种表达式的有 CEB-FIP 标准规范(1978 年版)等,目前我国的桥梁规范中就引用了这种定义方式。下面对目前国际上常用的徐变数学表达式做简要介绍。

(1)CEB-FIP 标准规范(1978 年版)中认为徐变包括瞬时初应变、滞后弹性应变、残留流塑应变三部分。相应的徐变系数的定义如下:

$$\varphi(t,\tau) = \beta_a(\tau) + \varphi_d(t,\tau) + \varphi_f(t,\tau) \tag{2-1}$$

式中:$\varphi(t,\tau)$——加载龄期为 τ,计算龄期为 t 时的混凝土徐变系数;

　　$\beta_a(\tau)$——不可恢复的瞬时初始变形系数;

　　$\varphi_d(t,\tau)$——可恢复的滞后弹性变形系数;

　　$\varphi_f(t,\tau)$——不可恢复的流塑变形系数。

(2)我国原交通部颁发的《公路钢筋混凝土及预应力混凝土桥涵设计规范(JTG D62—2004)》中采用了下述定义方式:

$$\phi(t,t_0) = \phi_0 \cdot \beta_c(t-t_0) \tag{2-2}$$

式中:$\phi(t,t_0)$——加载龄期为 t_0、计算考虑龄期为 t 时的混凝土徐变系数;

　　t_0——加载时的混凝土龄期(d);

　　t——计算考虑时刻的混凝土龄期(d);

　　ϕ_0——名义徐变系数;

　　β_c——加载后徐变随时间发展的系数。

(3)1990 年版 CEB-FIP 标准规范的徐变系数表达式有很大变动,形式上也类似于乘积系数:

$$\varphi(t,\tau) = \varphi_0 \beta_c(t,\tau) = \Phi_{RH} \beta_{fcm} \beta(\tau) \beta_c(t,\tau) \tag{2-3}$$

式中:φ_0——名义徐变系数;

$\beta_c(t,\tau)$——徐变系数进程系数;

　Φ_{RH}——环境相对湿度修正系数;

　β_{fcm}——混凝土强度修正系数;

　$\beta(\tau)$——加载龄期修正系数。

Φ_{RH}、$\beta_c(t,\tau)$与环境湿度、构件的理论厚度有关。水泥品种、养护温度对徐变的影响通过修正加载龄期 τ 予以考虑。

(4)英国规范 BS 5400(第四部分)中徐变系数的定义方式为:

$$\varphi = k_1 k_2 k_3 k_4 k_5 \tag{2-4}$$

式中:k_1——环境湿度影响系数;

$\quad k_2$——加载开始时固化程度影响系数;

$\quad k_3$——混凝土成分影响系数;

$\quad k_4$——混凝土构件有效厚度影响系数;

$\quad k_5$——徐变随时间发展的系数。

(5)ACI-209(1982 年版)方法不区分徐变的各组成部分,并采用双曲线形式的徐变系数:

$$\varphi(t,\tau) = \frac{(t-\tau)^{0.6}}{10 + (t-\tau)^{0.6}}\varphi(u) \tag{2-5}$$

$$\varphi(u) = 2.35\beta_1\beta_2\beta_3\beta_4\beta_5\beta_6 \tag{2-6}$$

式中:$\varphi(u)$——终极徐变系数;

$\quad \beta_1$——混凝土加载龄期影响系数;

$\quad \beta_2$——环境湿度影响系数;

$\quad \beta_3$——混凝土构件厚度影响系数;

$\quad \beta_4$——混凝土坍落度影响系数;

$\quad \beta_5$——细集料(<4.8mm)含量影响系数;

$\quad \beta_6$——空气含量影响系数,一般取 1。

(6)Z. P. Bzant 与 L. Panula 认为国际标准规范中对徐变的考虑只是以范围十分狭小的部分试验数据为依据,对徐变的影响因素考虑不周全,且数据拟合不理想,尤其不适用于一周以内或一年以上的徐变。Z. P. Bzant 对世界范围内庞大的试验数据进行最优拟合后提出了 BP 模式,认为徐变由基本徐变和干燥徐变组成,用徐变函数 $J(t,\tau,\tau_0)$ 表示总应变:

$$J(t,\tau,\tau_0) = \frac{1}{E(\tau)} + c_0(t,\tau) + c_d(t,\tau,\tau_0) - c_p(t,\tau,\tau_0) \tag{2-7}$$

式中:τ_0、τ、t——分别为开始干燥时的龄期、加载龄期、计算龄期;

$\quad 1/E(\tau)$——单位应力产生的初始弹性应变;

$\quad c_0(t,\tau)$——单位应力常温、常湿度下产生的基本(无水分转移)徐变;

$\quad c_d(t,\tau,\tau_0)$——单位应力产生的干燥(有水分转移)徐变;

$\quad c_p(t,\tau,\tau_0)$——干燥以后徐变的减小值。

BP 模式经过简化得到 BP-2 模式：

$$J(t,\tau,\tau_0) = \frac{1}{E_0} + c_0(t,\tau) + c_d(t,\tau,\tau_0) \tag{2-8}$$

式中： E_0——拟弹性模量,由混凝土 28d 圆柱体强度确定；

$c_0(t,\tau)$——基本徐变；

$c_d(t,\tau,\tau_0)$——干燥徐变。

对比以上各模式可以发现：CEB-FIP 规范是国际规范,参数少,使用方便,可优先选用。但 CEB-FIP(1978 年版)规范没有直接反映混凝土配合比的参数,如要更全面反映实际因素,可选用 BP 模式或 BP2 模式,它们包含的参数较多,都直接用到混凝土配合比,适用的时间范围大,但比较复杂,可在电算中应用。CEB-FIP(1990 年版)规范也全部采用了公式形式,省却了 CEB-FIP(1978 年版)规范中查表格和曲线图的麻烦,相信将得到广泛应用。

下面分别以 3 跨、4 跨、6 跨、7 跨连续刚构桥为例分析在不同合龙顺序下结构的内力和线形。

2.3　不同跨数、不同合龙顺序对结构内力、线形的影响分析

下面仅对 3 跨、4 跨、6 跨、7 跨连续刚构桥工程概况进行简要的阐述,同时对悬臂施工过程进行分析。

1）工程概况

某三跨连续刚构桥全长 512m,主桥上部结构为 78m + 140m + 78m 的三跨预应力混凝土连续刚构桥,主梁为单箱单室箱形梁,箱梁根部高 8.0m,跨中梁高 3.0m,其间梁高按二次抛物线变化。箱梁顶板宽 12.00m,底板宽 6.5m,顶板厚 0.30m,底板厚由跨中 0.32m 按二次抛物线变化至根部 1.0m,腹板厚分别为 0.45m、0.6m,桥墩顶部范围内顶板厚 0.5m,底板厚 1.3m,腹板厚 0.8m。主桥 4、5 号桥墩采用双薄壁空心桥墩,横桥向宽 6.5m,顺桥向单薄壁宽 2.5m,壁厚：顺桥向 0.5m,横桥向 0.8m。

某四跨连续刚构桥主桥上部结构为 90m + 2 × 160m + 90m 的四跨预应力连续刚构桥,由一个单箱单室箱形断面组成。箱梁根部高 9.0m,跨中梁高 3.5m,其间梁高按二次抛物线变化。箱梁顶板宽 12.00m,底板宽 6.5m。全桥共有 4 个合龙段。主桥 1、2、3 号桥墩采用双薄壁空心桥墩,横桥向宽 6.5m,顺桥向单薄壁 2.5m,壁厚：顺桥向 0.5m,横桥向 0.8m。

某六跨连续刚构桥,上部结构为 76m + 4 × 140m + 76m 的六跨预应力连续刚

构桥,主梁为单箱单室箱形断面。前者箱梁根部高 9.8m,跨中梁高 3.6m,其间梁高按 1.8 次抛物线变化。箱梁顶板宽 15.5m,底板宽 7.9m。主桥 33～37 号桥墩采用矩形薄壁截面桥墩,横桥向宽 7.9m,顺桥向单薄壁 5.5m。

某七座连续刚构桥,上部结构为 69m+4×130m+79.5m+39.5m 的七跨预应力连续刚构桥,箱梁根部高 7.6m,跨中梁高 3.0m,其间梁高按 1.8 次抛物线变化。箱梁顶板宽 15.5m,底板宽 7.9m。主桥 39～44 号桥墩采用矩形薄壁截面桥墩,横桥向宽 7.9m,顺桥向单薄壁 5.5m。

2)悬臂施工过程分析

(1)有限元计算模型

采用桥梁结构专用分析软件 MIDAS/Civil 程序对四座连续刚构桥施工过程进行仿真分析,这里以某三跨连续刚构桥为例,给出了该桥模型的结构离散图,如图 2-3 所示。四座连续刚构桥离散单元的数量见表 2-1,有限元分析结构模型如图 2-4～图 2-7 所示。

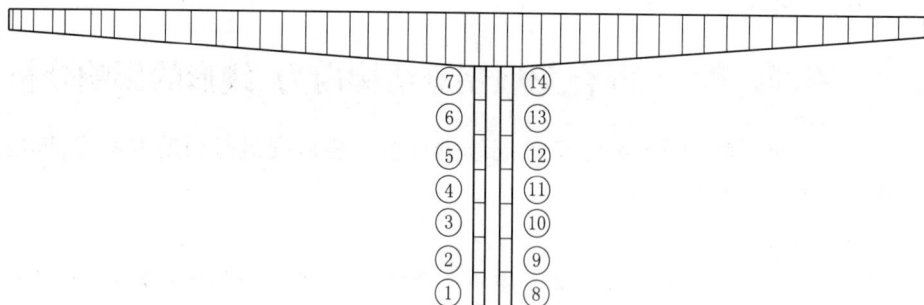

图 2-3 某三跨连续刚构桥的单元数量离散图

四座连续刚构桥的单元数量离散   表 2-1

名称	主梁单元	桥墩单元
某三跨连续刚构桥	92	28
某四跨连续刚构桥	142	76
某六跨连续刚构桥	258	104
某七跨连续刚构桥	375	75

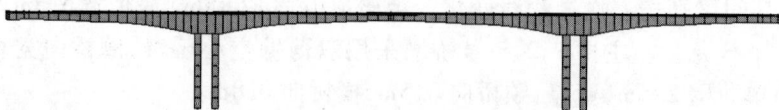

图 2-4 三跨连续刚构桥有限元计算模型

26

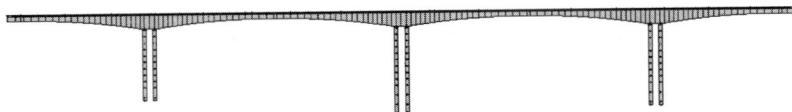

图2-5 四跨连续刚构桥有限元计算模型

图2-6 六跨连续刚构桥有限元计算模型

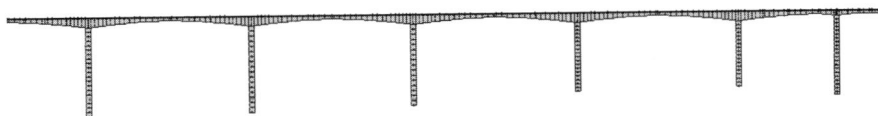

图2-7 七跨连续刚构桥有限元计算模型

（2）材料和截面特性（表2-2）

四座连续刚构桥的材料和截面特性 　　　　表2-2

名称	主梁			桥墩		
	型号	弹性模量（MPa）	重度（kN/m³）	型号	弹性模量（MPa）	重度（kN/m³）
三跨连续刚构桥	C50	3.45×10^4	26	C40	3.25×10^4	26
四跨连续刚构桥	C50	3.45×10^4	26	C40	3.25×10^4	26
六跨连续刚构桥	C55	3.55×10^4	26	C50	3.45×10^4	26
七跨连续刚构桥	C55	3.55×10^5	26	C50	3.45×10^4	26

预应力钢绞线：采用国标 GB/T 5224—2003 低松弛高强度钢绞线，其抗拉强度标准值 $f_{pk} = 1\,860$MPa，弹性模量 $E_y = 1.95 \times 10^5$MPa。

预应力损失相关参数如表2-3所示。

预应力损失相关参数 　　　　表2-3

抗拉强度标准值（MPa）	1 860
钢筋松弛系数	0.035
预应力钢筋与管道壁的摩擦系数	0.17
管道每米局部偏差对摩擦的影响系数（1/m）	0.001 5
锚具变形，钢筋回缩和接缝压缩值（开始点，结束点）（m）	0.006

2.3.1 不同跨数、不同合龙顺序对主梁应力的影响

本文对四座不同跨数连续刚构桥在逐跨合龙和同时合龙两种不同合龙顺序下的主梁受力性能进行了比较分析,将不同合龙施工顺序下成桥阶段主梁截面的上、下缘应力计算结果示于下文。其中符号规定:以拉应力为正,压应力为负。

1)三跨刚构桥成桥阶段主梁应力分析

由图 2-8、图 2-9 和表 2-4 可以看出,成桥阶段时,该三跨刚构桥的主梁上缘在逐跨合龙顺序时的最大应力为 −14.10MPa,在同时合龙顺序时的最大应力为 −14.20MPa,前者比后者小 0.71%,即 0.10MPa;主梁下缘在逐跨合龙顺序时的最大应力为 −12.80MPa,同时合龙顺序时的最大应力为 −12.80MPa,两者差值为 0。而且,主梁截面无拉应力。由以上分析可知,在成桥阶段时,不同的合龙顺序对主梁应力基本没有影响。

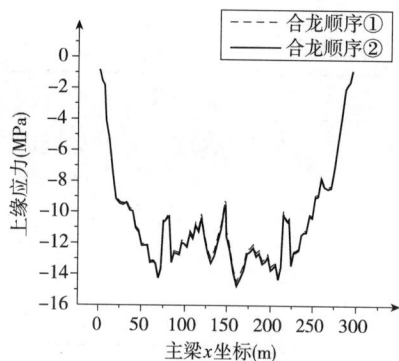

图 2-8　成桥阶段主梁上缘应力比较

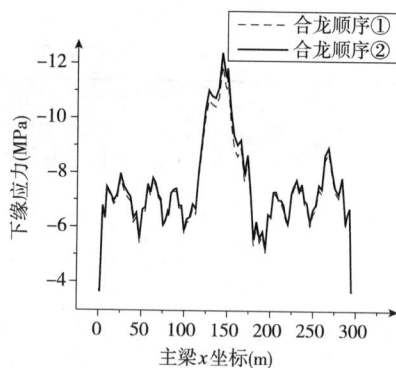

图 2-9　成桥阶段主梁下缘应力比较

某三跨刚构桥成桥阶段主梁应力　　　　　　表 2-4

节点位置	主梁 x 坐标(m)	上缘应力(MPa)			下缘应力(MPa)		
		逐跨合龙	同时合龙	(①−②)/①	逐跨合龙	同时合龙	(①−②)/①
左支点	0.7	−0.83	−0.83	0	−3.72	−3.71	0
左边跨 1/4 处	21	−9.06	−9.16	−1.10%	−7.03	−7.19	−2.28%
左边跨跨中	40	−9.83	−9.97	−1.42%	−6.17	−6.34	−2.76%
左边跨 3/4 处	57	−13.14	−13.25	−0.84%	−7.13	−7.26	−1.82%
4 号墩墩顶	78	−10.4	−10.49	−0.87%	−6.23	−6.3	−1.12%

节点位置	主梁 x 坐标(m)	上缘应力(MPa)			下缘应力(MPa)		
		逐跨合龙	同时合龙	(①-②)/①	逐跨合龙	同时合龙	(①-②)/①
中跨1/4处	112.5	-10.66	-10.88	-2.06%	-6.49	-6.67	-2.77%
中跨跨中	148	-9.33	-9.6	-2.92%	-11.09	-11.50	-3.70%
中跨3/4处	183.5	-12.63	-12.85	-1.74%	-6.03	-6.22	-3.15%
5号墩墩顶	218	-10.39	-10.49	-0.96%	-6.23	-6.31	-1.28%
右边跨3/4处	239	-11.35	-11.46	-0.97%	-7.47	-7.60	-1.74%
右边跨跨中	256	-8.84	-8.97	-1.47%	-7.38	-7.56	-2.40%
右边跨1/4处	275	-7.04	-7.15	-1.61%	-7.29	-7.44	-2.03%
右支点	295.3	-0.84	-0.84	0	-3.70	-3.70	0

注:以上图、表中,合龙顺序①为逐跨合龙;合龙顺序②为各跨同时合龙,下同。

2)某四跨刚构桥成桥阶段主梁应力分析

由图2-10、图2-11和表2-5可以看出,成桥阶段时,该四跨刚构桥的主梁上缘在逐跨合龙顺序时的最大应力为-17.55MPa,在同时合龙顺序时的最大应力为-17.59MPa,前者比后者小0.23%,即0.04MPa;主梁下缘在逐跨合龙顺序时的最大应力为-13.83MPa,在同时合龙顺序时的最大应力为-13.74MPa,前者比后者大0.66%,即0.09MPa。由上分析可知,在成桥阶段时,不同的合龙顺序对主梁应力基本没有影响。

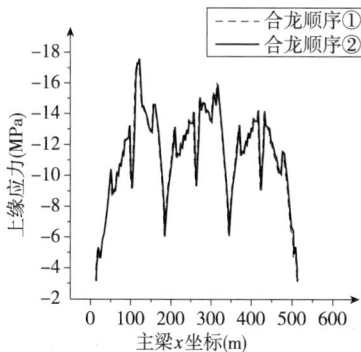

图2-10　成桥阶段主梁上缘应力比较

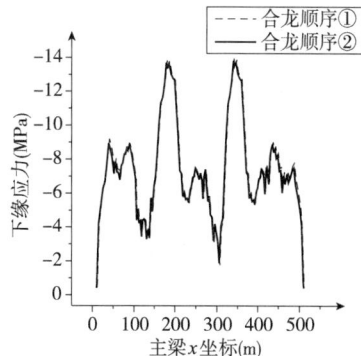

图2-11　成桥阶段主梁下缘应力比较

某四跨刚构桥成桥阶段主梁应力比较   表 2-5

节点位置	主梁 x 坐标(m)	上缘应力(MPa)			下缘应力(MPa)		
		逐跨合龙	同时合龙	(①-②)/①	逐跨合龙	同时合龙	(①-②)/①
左支点	12.6	-3.14	-3.14	0	-0.7	-0.7	0
左边跨 1/4 处	31.9	-6.03	-6.22	-3.15%	-6.95	-6.72	3.31%
左边跨跨中	56.9	-8.97	-9.1	-1.45%	-8.06	-7.91	1.86%
左边跨 3/4 处	80.9	-11.27	-11.35	-0.71%	-8.40	-8.33	0.83%
1 号墩墩顶	101.9	-9.14	-9.17	-0.33%	-7.46	-7.42	0.54%
左中跨 1/4 处	143.4	-13.09	-13.1	-0.08%	-5.78	-5.77	0.17%
左中跨跨中	180.9	-8.05	-8.01	0.50%	-13.83	-13.74	0.65%
左中跨 3/4 处	220.4	-11.38	-11.31	0.62%	-5.77	-5.86	-1.56%
2 号墩墩顶	261.9	-9.34	-9.31	0.32%	-7.19	-7.22	-0.42%
右中跨 1/4 处	303.4	-15.04	-14.91	0.86%	-2.98	3.14	-5.37%
右边跨跨中	340.9	-7.72	-7.68	0.52%	-13.95	-13.86	0.65%
右边跨 3/4 处	380.4	-11.45	-11.47	-0.17%	-5.77	-5.74	0.52%
3 号墩墩顶	421.9	-8.99	-9.04	-0.56%	-7.64	-7.6	0.52%
右边跨 1/4 处	445.9	-12.12	-12.23	-0.91%	-8.21	-8.1	1.34%
右边跨跨中	466.9	-10.13	-10.28	-1.48%	-6.78	-6.58	2.95%
右边跨 3/4 处	491.9	-7.76	-7.96	-2.58%	-6.79	-6.52	3.98%
右支点	511.2	-3.12	-3.12	0	-0.67	-0.67	0

3)某六跨刚构桥主梁应力分析

由图 2-12、图 2-13 和表 2-6 可以看出,成桥阶段时,该六跨刚构桥的主梁上缘在逐跨合龙顺序时的最大应力为 -11.80MPa,在同时合龙顺序时的最大应力为 -11.77MPa,前者比后者大 0.25%,即 0.03MPa。主梁下缘在逐跨合龙顺序时最大应力为 -12.69MPa,在同时合龙顺序时最大应力为 -12.65MPa,前者比后者大 0.32%,即 0.04MPa。由上分析可知,在成桥阶段时,不同的合龙顺序对主梁应有一定的影响,但影响不大。

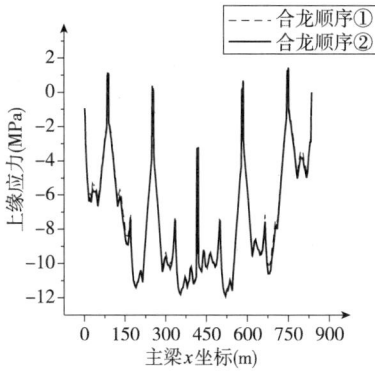

图 2-12 成桥阶段主梁上缘应力比较

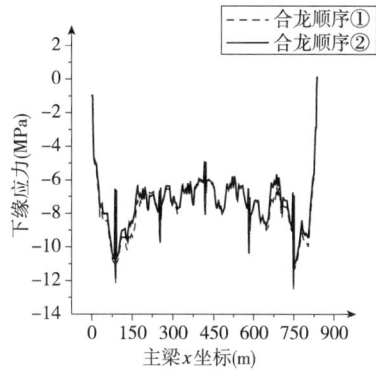

图 2-13 成桥阶段主梁下缘应力比较

某六跨刚构桥成桥阶段主梁应力比较　　　　　表 2-6

节点位置	主梁 x 坐标（m）	上缘应力（MPa）			下缘应力（MPa）		
		逐跨合龙	同时合龙	（①－②）/①	逐跨合龙	同时合龙	（①－②）/①
左支点	0.68	－0.98	－0.97	1.02%	－0.98	－0.98	0.00%
A 跨 1/4 处	22.68	－6.47	－6.48	－0.15%	－5.99	－5.95	0.67%
A 跨跨中	44.68	－7.02	－7.02	0.00%	－6.74	－6.75	－0.15%
A 跨 3/4 处	66.68	－6.65	－6.65	0.00%	－7.09	－7.09	0.00%
45 号墩墩顶	88.68	－6.06	－6.06	0.00%	－6.96	－6.96	0.00%
B 跨 1/4 处	129.93	－7.68	－7.69	－0.13%	－7.75	－7.75	0.00%
B 跨跨中	171.18	－7.94	－7.94	0.00%	－7.05	－7.04	0.14%
B 跨 3/4 处	212.43	－9.05	－9.05	0.00%	－9.29	－9.29	0.00%
46 号墩墩顶	253.68	－6.34	－6.35	－0.16%	－6.00	－6.00	0.00%
C 跨 1/4 处	294.93	－8.56	－8.56	0.00%	－8.60	－8.50	1.16%
C 跨跨中	336.18	－7.87	－7.86	0.13%	－6.98	－6.96	0.00%
C 跨 3/4 处	377.43	－9.27	－9.27	0.00%	－9.26	－9.26	0.00%
47 号墩墩顶	418.68	－8.26	－8.26	0.00%	－7.89	－7.89	0.00%
D 跨 1/4 处	459.93	－8.62	－8.62	0.00%	－8.57	－8.56	0.12%
D 跨跨中	501.18	－7.84	－7.83	0.13%	－6.96	－6.96	0.00%
D 跨 3/4 处	542.43	－9.01	－9.01	0.00%	－9.26	－9.26	0.00%

节点位置	主梁 x 坐标(m)	上缘应力(MPa)			下缘应力(MPa)		
		逐跨合龙	同时合龙	(①-②)/①	逐跨合龙	同时合龙	(①-②)/①
48 号墩墩顶	583.68	-6.23	-6.23	0.00%	-6.27	-6.27	0.00%
E 跨 1/4 处	624.93	-8.59	-8.57	0.23%	-8.63	-8.63	0.00%
E 跨跨中	666.18	-7.81	-7.81	0.00%	-7.06	-7.08	-0.28%
E 跨 3/4 处	707.43	-7.53	-7.54	-0.13%	-7.79	-7.79	0.00%
49 号墩墩顶	748.68	-6.29	-6.29	0.00%	-5.40	-5.40	0.00%
F 跨 1/4 处	770.68	-6.46	-6.47	-0.15%	-6.44	-6.44	0.00%
F 跨跨中	792.68	-6.19	-6.19	0.00%	-6.43	-6.44	-0.16%
F 跨 3/4 处	814.68	-5.63	-5.61	0.36%	-5.79	-5.79	0.00%
右支点	836.68	-0.99	-0.99	0.00%	-0.99	-0.99	0.00%

4)某七跨连续刚构桥主梁应力分析

由图 2-14、图 2-15 和表 2-7 可以看出,成桥阶段时,该七跨刚构桥主梁上缘在逐跨合龙方案下的最大应力为 -15.80MPa,在同时合龙方案下的最大应力为 -20.70MPa,前者比后者小 31.01%,即 4.90MPa;主梁下缘在逐跨合龙顺序下的最大应力为 -15.70MPa,在同时合龙方案下的最大应力为 -21.50MPa,前者比后者小 36.94%,即 5.80MPa。主梁截面没有出现拉应力。由以上分析可知,对于七跨连续刚构桥,在成桥阶段时,不同的合龙顺序对主梁应力有较大的影响。

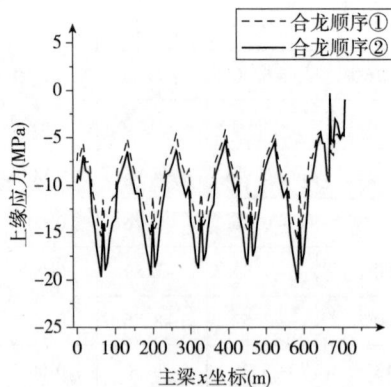

图 2-14　成桥阶段主梁上缘应力比较

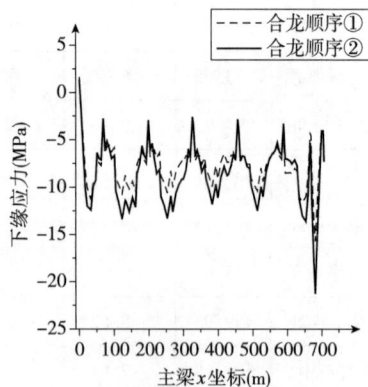

图 2-15　成桥阶段主梁下缘应力比较

某七跨刚构桥成桥阶段主梁应力　　　　表2-7

节点位置	主梁 x 坐标(m)	上缘应力(MPa)			下缘应力(MPa)		
		逐跨合龙	同时合龙	(①-②)/①	逐跨合龙	同时合龙	(①-②)/①
左支点	0.6	-7.43	-9.78	-31.63%	1.63	1.37	15.95%
A跨1/4处	16.96	-5.63	-6.88	-22.20%	-7.99	-10.00	-25.16%
A跨跨中	33.92	-7.53	-8.82	-17.13%	-11.3	-12.40	-9.73%
A跨3/4处	50.88	-13.10	-16.50	-25.95%	-6.81	-6.38	6.31%
39号墩墩顶	68.44	-11.50	-14.00	-21.74%	-3.28	-2.76	15.85%
B跨1/4处	100.94	-11.10	-13.50	-21.62%	-5.83	-6.66	-14.24%
B跨跨中	133.44	-5.22	-6.57	-25.86%	-8.55	-11.1	-29.82%
B跨3/4处	165.94	-10.60	-12.90	-21.70%	-7.56	-8.59	-13.62%
40号墩墩顶	198.44	-11.20	-13.80	-23.21%	-3.52	-2.93	16.76%
C跨1/4处	230.94	-8.89	-10.70	-20.36%	-6.35	-8.15	-28.35%
C跨跨中	263.44	-4.69	-6.47	-37.95%	-8.28	-10.9	-31.64%
C跨3/4处	295.94	-10.10	-12.30	-21.78%	-7.72	-9.67	-25.26%
40号墩墩顶	328.44	-10.90	-13.30	-22.02%	-3.82	-3.33	12.83%
D跨1/4处	360.94	-9.92	-12.00	-20.97%	-6.84	-7.7	-12.57%
D跨跨中	393.44	-4.28	-5.43	-26.87%	-7.70	-9.66	-25.45%
D跨3/4处	425.94	-9.95	-11.80	-18.59%	-7.80	-9.26	-18.72%
41号墩墩顶	458.44	-10.80	-12.80	-18.52%	-3.91	-3.7	5.37%
E跨1/4处	490.94	-8.38	-9.78	-16.71%	-7.57	-8.07	-6.61%
E跨跨中	523.44	-4.64	-5.49	-18.32%	-7.98	-9.94	-24.56%
E跨3/4处	555.94	-12.10	-15.10	-24.79%	-6.41	-6.19	3.43%
42号墩墩顶	588.44	-10.60	-13.70	-29.25%	-4.46	-3.29	26.23%
F跨1/4处	608.315	-9.87	-12.90	-30.70%	-8.46	-7.27	14.07%
F跨跨中	628.19	-6.04	-7.50	-24.17%	-8.31	-7.75	6.74%
F跨3/4处	648.065	-5.51	-5.58	-1.27%	-11.30	-13.30	-17.70%
43号墩墩顶	667.94	-2.00	-0.32	83.90%	-4.52	-7.08	-56.64%

续上表

节点位置	主梁 x 坐标(m)	上缘应力(MPa)			下缘应力(MPa)		
		逐跨合龙	同时合龙	(①-②)/①	逐跨合龙	同时合龙	(①-②)/①
G 跨 1/4 处	677.525	-6.90	-5.61	18.70%	-13.30	-17.80	-33.83%
G 跨跨中	687.11	-4.63	-3.49	24.62%	-10.90	-14.70	-34.86%
G 跨 3/4 处	696.695	-5.23	-5.18	0.96%	-6.23	-7.56	-21.35%
右支点	706.88	-0.98	-0.99	-1.43%	-6.84	-7.31	-6.87%

2.3.2 不同跨数、不同合龙顺序对主梁线形的影响

大跨径箱梁悬臂灌注施工时,挠度控制极为重要。对于合龙段,我们需要对合龙段前2~3个节段进行联测,及时调整立模高程,确保合龙精度。针对逐跨合龙和同时合龙两种不同合龙顺序,本文对四种不同跨数连续刚构桥的主梁线形也进行了比较分析,比较结果如表2-8~表2-11和图2-16~图2-19。其中符号规定以竖直向上为正,竖直向下为负。

三跨刚构桥成桥阶段主梁竖向位移比较   表2-8

节点位置	主梁 x 坐标(m)	逐跨合龙① (mm)	同时合龙② (mm)	(①-②)/①
左支点	0.7	0	0	0.00%
左边跨 1/4	21	31.10	29.20	6.11%
左边跨跨中	40	7.70	5.80	24.68%
左边跨 3/4	60	4.60	3.50	23.91%
4 号墩墩顶	78	-4.50	-4.50	0.00%
中跨 1/4	112.5	-3.80	-0.80	78.95%
中跨跨中	148	50.50	60.60	-20.00%
中跨 3/4	183.5	-4.10	-1.00	75.61%
5 号墩墩顶	218	-4.70	-4.70	0.00%
右边跨 3/4	236	4.60	3.50	23.91%
右边跨跨中	256	7.90	5.80	26.58%
右边跨 1/4	275	31.20	29.20	6.41%
右支点	295.3	0	0	0.00%

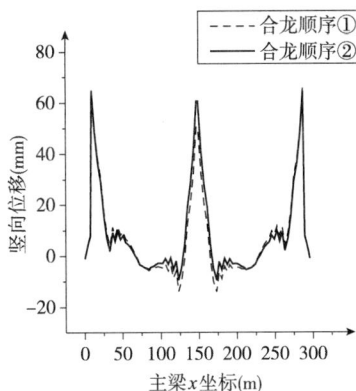

图2-16　某三跨桥成桥阶段主梁竖向位移

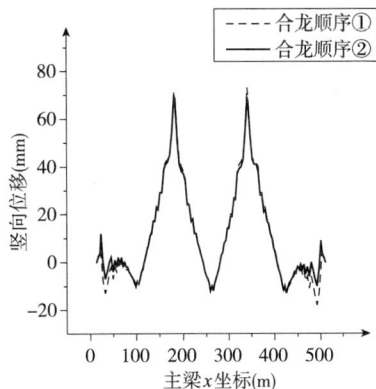

图2-17　某四跨桥成桥阶段主梁竖向位移

由图2-16和表2-8可以看出,成桥阶段时,该三跨刚构桥在逐跨合龙时的最大竖向位移为78.55mm,在同时合龙时的最大竖向位移为79.23mm,都发生在左边跨的合龙处,前者比后者小0.87%,即0.68mm。而且,采用了两种不同的合龙顺序后,计算结果表明:主梁有的节点位置会发生较大的变化,如中跨的跨中位置,在逐跨合龙时的竖向位移为50.5mm,在同时合龙时的竖向位移为60.6mm,前者比后者小20.00%,即10.10mm。由以上分析可知,在成桥阶段,逐跨合龙和同时合龙两种不同的合龙顺序对主梁线形有显著的影响。

四跨刚构桥成桥阶段主梁竖向位移比较　　　　　　　　　　　表2-9

节点位置	主梁 x 坐标（m）	逐跨合龙① （mm）	同时合龙② （mm）	（①－②）/①
左支点	12.6	0	0	0.00%
左边跨1/4	31.9	−17.3	−12.3	29.41%
左边跨跨中	56.9	−8.2	−6.2	25.00%
左边跨3/4	80.9	−4.2	−4.2	0.00%
1号墩墩顶	101.9	−12.3	−12.3	0.00%
左中跨1/4	143.4	5.4	5.4	0.00%
左中跨跨中	180.9	48.2	48.2	0.00%
左中跨3/4	220.4	4.1	4.1	0.00%
2号墩墩顶	261.9	−14.2	−14.2	0.00%
右中跨1/4	303.4	7.2	7.1	0.00%
右中跨跨中	340.9	51.3	48.2	5.88%

续上表

节点位置	主梁 x 坐标(m)	逐跨合龙① (mm)	同时合龙② (mm)	(①-②)/①
右中跨 3/4	380.4	4.2	3.4	25.00%
3 号墩墩顶	421.9	-15.4	-15.4	0.00%
右边跨 3/4	445.9	-7.2	-6.3	14.29%
右边跨跨中	466.9	-12.1	-9.2	25.00%
右边跨 1/4	491.9	-23.2	-15.3	34.78%
右支点	511.2	0	0	0.00%

由图 2-17 和表 2-9 可以看出,成桥阶段时,该四跨刚构桥在逐跨合龙时的最大竖向位移为 65.30mm,在同时合龙时的最大竖向位移为 60.04mm,发生在 2、3 号墩之间的跨中处。前者比后者大 8.06%,即 5.26mm;由上面分析知,在成桥阶段,不同的合龙顺序对主梁的竖向位移也有一定的影响。

六跨刚构桥成桥阶段主梁竖向位移比较 表 2-10

节点位置	主梁 x 坐标(m)	逐跨合龙① (mm)	同时合龙② (mm)	(①-②)/①
左支点	0.68	0	0	0
左边跨 1/4	22.68	-30.07	-32.87	-9.31%
左边跨跨中	44.68	-26.5	-24.65	6.98%
左边跨 3/4	66.68	-8.64	-7.98	7.64%
33 号墩墩顶	88.68	0	0	0
左次边跨 1/4	129.93	-23.76	-21.78	8.33%
左次边跨跨中	171.18	-71.67	-74.51	-3.96%
左次边跨 3/4	212.43	-68.82	-67.69	1.64%
34 号墩墩顶	253.68	-21.95	-21.12	3.78%
左中跨 1/4	294.93	-34.19	-34.74	-1.61%
左中跨跨中	336.18	-10.89	-11.49	-5.51%
左中跨 3/4	377.43	-24.66	-24.76	-0.41%
35 号墩墩顶	418.68	-10.69	-10.68	0.09%

节点位置	主梁 x 坐标（m）	逐跨合龙① （mm）	同时合龙② （mm）	（①−②）/①
右中跨 1/4	459.93	−28.83	−29.04	−0.73%
右中跨跨中	501.18	−1.92	−2.22	13.51%
右中跨 3/4	542.43	−31.08	−31.7	−1.99%
36 号墩墩顶	583.68	−11.63	−9.83	15.48%
右次边跨 1/4	624.93	−27.96	−22.29	20.28%
右次边跨跨中	666.18	−21.41	−20.42	4.62%
右次边跨 3/4	707.43	−26.89	−20.83	22.54%
37 号墩墩顶	748.68	0	0	0
右边跨 3/4	770.68	−2.54	−2.56	−0.79%
右边跨跨中	792.68	−18.07	−18.22	−0.83%
右边跨 1/4	814.68	−27.07	−33.93	−25.34%
右支点	836.68	0	0	0

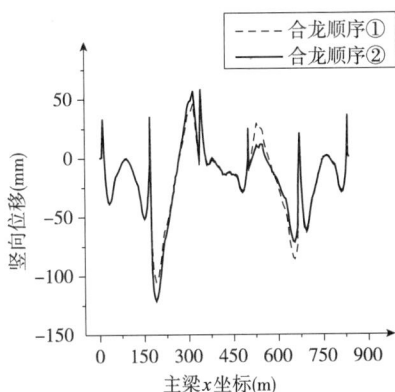

图 2-18　某六跨桥主梁成桥阶段竖向位移

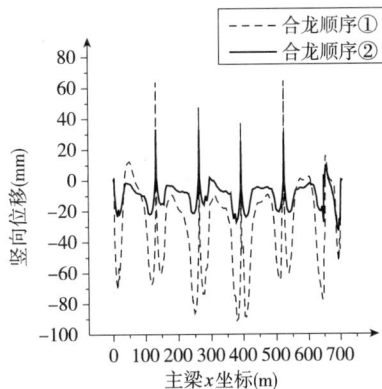

图 2-19　某七跨桥主梁成桥阶段竖向位移

由图 2-18 和表 2-10 可以看出，该六跨刚构桥在逐跨合龙时的最大竖向位移为 −104.90mm，在同时合龙时的最大竖向位移为 −120.94mm，发生在33、34 号墩之间。在逐跨合龙时的最小竖向位移为 −0.25mm，在同时合龙时的最小竖向位移为 −0.12mm，发生在35、36 号墩的中跨。在同时合龙时的最大竖向位移值比合龙 I 的最大竖向位移在逐跨合龙时大 15.3%，即

16.04mm；在同时合龙时的最小竖向位移值比在逐跨合龙时的最小竖向位移小25%，即0.03mm。由以上分析可知，在成桥阶段，不同的合龙顺序对主梁的竖向位移有一定影响。

七跨刚构桥成桥阶段主梁竖向位移分析 表2-11

节点位置	主梁 x 坐标(m)	逐跨合龙① （mm）	同时合龙② （mm）	（①－②)/①
左支点	0.6	0.0	0.0	—
A 跨1/4	16.96	－64.3	－19.1	70.24%
A 跨跨中	33.92	－24.9	－8.3	66.63%
A 跨3/4	50.88	－7.2	－2.2	68.96%
39 号墩墩顶	68.44	－21.3	－7.3	65.43%
B 跨1/4	100.94	－53.8	－24.2	55.05%
B 跨跨中	133.44	52.6	24.7	53.13%
B 跨3/4	165.94	－28.1	－14.9	46.75%
40 号墩墩顶	198.44	－18.0	－7.3	59.43%
C 跨1/4	230.94	－43.2	－18.3	57.76%
C 跨跨中	263.44	55.9	29.5	47.22%
C 跨3/4	295.94	－22.0	－8.6	60.72%
41 号墩墩顶	328.44	－16.9	－6.9	59.33%
D 跨1/4	360.94	－38.4	－18.9	50.82%
D 跨跨中	393.44	43.6	21.9	49.91%
D 跨3/4	425.94	－41.8	－18.6	55.58%
42 号墩墩顶	458.44	－14.1	－5.8	58.74%
E 跨1/4	490.94	－30.7	－19.0	38.11%
E 跨跨中	523.44	59.8	22.2	62.82%
E 跨3/4	563.69	－22.7	－14.5	36.27%
43 号墩墩顶	588.44	－14.9	－5.2	65.42%
F 跨1/4	608.315	－19.2	－3.5	81.98%
F 跨跨中	628.19	－78.7	－17.5	77.71%

节点位置	主梁 x 坐标(m)	逐跨合龙① （mm）	同时合龙② （mm）	（①－②）/①
F 跨 3/4	648.065	－79.1	－25.5	67.76%
44 号墩墩顶	667.94	－6.8	－2.7	59.57%
G 跨 1/4	677.525	－8.5	－11.0	－29.62%
G 跨跨中	687.11	－37.5	－25.5	32.12%
G 跨 3/4	696.695	－40.3	－26.9	33.25%
右支点	706.28	0.0	0.0	—

由图 2-19 和表 2-11 可以看出,在成桥阶段,该七跨刚构桥在逐跨合龙时的最大竖向位移为 －382.29mm,发生在 41、42 号墩之间,在同时合龙时的最大竖向位移为 －177.64mm,发生在 42、43 号墩之间,前者比后者大 53.53%,即 104.65mm。在逐跨合龙时的最小竖向位移为 －0.25mm,在同时合龙时的最小竖向位移为 －0.12mm,发生在 35、36 号墩的中跨。在同时合龙时的最小竖向位移值比在逐跨合龙时的最小竖向位移小 25%,即 0.03mm。由上面分析可知,在成桥阶段,两种不同的合龙顺序对主梁的竖向位移有较大影响。

2.3.3 不同跨数、不同合龙顺序对桥墩墩顶位移和内力的影响

对于四种不同跨数连续刚构桥,在成桥状态时,本文对采用逐跨合龙和同时合龙两种不同合龙顺序下的桥墩受力性能也进行了比较分析,将不同合龙施工顺序下合龙阶段桥墩墩顶的水平位移和内力弯矩计算结果示于下文。其中符号规定:位移以水平向右为正,水平向左为负;弯矩以绕 y 轴正方向产生顺时针为正,反之为负。

由表 2-12 ~ 表 2-15 可以看出,三跨刚构桥的墩顶位移逐跨合龙要比同时合龙大,差值在 25% ~ 30%,墩顶弯矩差值在 31% ~ 37%;四跨刚构桥的墩顶位移逐跨合龙要比同时合龙时小,范围在 15% ~ 33%,墩顶弯矩差值在 13% ~ 42%;六跨刚构桥的墩顶位移逐跨合龙要比同时合龙大,差值在 0 ~ 14%,墩顶弯矩差值在 28% ~ 41%;七跨刚构桥的墩顶位移逐跨合龙要比同时合龙小,差值在 45% ~ 75%,墩顶弯矩差值达到 47%;由以上得出,采用逐跨合龙与同时合龙两种不同的合龙方式对墩顶水平位移和墩顶弯矩产生的变化都较大。

三跨刚构桥墩顶水平位移和弯矩值 表 2-12

位置	墩顶水平位移值比较			墩顶弯矩值比较		
	逐跨合龙 (mm)	同时合龙 (mm)	(①-②)/①	逐跨合龙 (kN·m)	同时合龙 (kN·m)	(①-②)/①
4 号墩左侧墩顶	17.64	13.22	25.05%	-14 122	-8 967	36.50%
4 号墩右侧墩顶	15.50	11.11	28.33%	-16 251	-11 195	31.11%
5 号墩左侧墩顶	-15.50	-11.10	28.36%	16 265	11 208	31.09%
5 号墩右侧墩顶	-17.63	-13.21	25.07%	14 117	8 966	36.49%

四跨刚构桥墩顶水平位移和弯矩值 表 2-13

位置	墩顶水平位移值比较			墩顶弯矩值比较		
	逐跨合龙 (mm)	同时合龙 (mm)	(①-②)/①	逐跨合龙 (kN·m)	同时合龙 (kN·m)	(①-②)/①
1 号墩左侧墩顶	14.996	10.499	29.99%	-13 673	-8 108	40.70%
1 号墩右侧墩顶	13.686	9.249	32.42%	-14 567	-9 251	36.49%
2 号墩左侧墩顶	-1.219	-0.816	33.06%	1 772	1 366	22.88%
2 号墩右侧墩顶	-2.52	-2.123	15.75%	967	837	13.44%
3 号墩左侧墩顶	-18.227	-12.026	34.02%	15 276	9 501	37.80%
3 号墩右侧墩顶	-19.541	-13.28	32.04%	14 391	8 389	41.70%

六跨刚构桥墩顶水平位移和弯矩值 表 2-14

位置	墩顶水平位移值比较			墩顶弯矩值比较		
	逐跨合龙 (mm)	同时合龙 (mm)	(①-②)/①	逐跨合龙 (kN·m)	同时合龙 (kN·m)	(①-②)/①
33 号墩墩顶	-43.48	-45.02	3.42%	-36 867	-26 480	39.22%
34 号墩墩顶	11.19	11.28	0.80%	-11 113	-8 682	28.01%
35 号墩墩顶	20.23	23.29	13.14%	57 296	33 949	40.75%

七跨刚构桥墩顶水平位移和弯矩值 表 2-15

位置	墩顶水平位移值比较			墩顶弯矩值比较		
	逐跨合龙 (mm)	同时合龙 (mm)	(①-②)/①	逐跨合龙 (kN·m)	同时合龙 (kN·m)	(①-②)/①
40 号墩墩顶	55.33	28.2	49.03%	-32 426	-24 159	25.49%
41 号墩墩顶	25.51	13.75	46.10%	2 125	2 349	-10.56%
42 号墩墩顶	-4.62	-3.28	29.00%	25 378	20 696	18.45%
43 号墩墩顶	-44.68	-11.19	74.96%	-132 410	-70 495	46.76%

2.3.4　小结

通过对逐跨合龙与多跨同时合龙分别对主梁、桥墩受力性能的影响的比较，不同跨数连续刚构桥在逐跨合龙与同时合龙两种不同合龙方案下产生的最大差值如表 2-16 所示。

四座不同跨数连续刚构桥不同合龙方案主梁、墩顶最大差值比较　表 2-16

名称	跨数	主梁			桥墩	
		应力最大差值		竖向位移	墩顶水平位移	墩顶弯矩
		上缘	下缘	最大差值	最大差值	最大差值
三跨刚构桥	3	−0.71%	0	−0.87%	28.36%	36.50%
四跨刚构桥	4	0.23%	0.66%	6.25%	34.02%	41.70%
六跨刚构桥	6	0.31%	1.03%	15.30%	13.14%	40.75%
七跨刚构桥	7	31.01%	36.94%	57.09%	74.96%	46.76%

由上表 2-16 可以看出，成桥阶段时，前三座刚构桥的主梁上下缘应力相差不大，都在 2% 以内。而对于七跨刚构桥，主梁上下缘应力相差较大，分别达到了 31.01%、36.94%。四座刚构桥的竖向位移，最大的七跨刚构桥，达到了 57.09%。桥墩墩顶的受力相差较大的仍是七跨刚构桥，达到了 57.09%，墩顶弯矩较大的是六跨和七跨刚构桥，分别达到了 40.75%、47.67%。由以上数据分析，可以得出：多跨的连续刚构桥采用逐跨合龙与同时合龙两种不同的合龙方式时，对主梁截面上下缘应力和线形的影响随着跨数增多影响幅度增大，跨数不大于六跨时影响较小，当跨数大于六跨时影响急剧增大。两种合龙顺序下桥墩水平位移和墩顶弯矩差别较大，而且随着跨数的增多这种差别也增大。

2.4　不同合龙顺序结构系统温差效应分析

随着大跨度预应力混凝土箱梁在刚构桥中建造数量的不断增加，温度效应及其对预应力混凝土箱梁桥的危害越来越得到广泛的重视和深入的研究。理论分析及试验研究均已表明：在大跨度预应力混凝土箱梁桥特别是超静定结构体系中，例如在连续梁桥中，温度应力可以达到甚至超过活载应力，已被认为是预应力混凝土桥梁结构产生裂缝的主要原因。实际桥梁设计中，人们已把温度应力列入必须进行计算的内容。

预应力混凝土箱梁受太阳辐射引起的温差应力包含自应力和次应力两部分。自应力即在非线性温度梯度的日照温差作用下，因箱梁各纵向纤维的变形受到截面整体变形的约束而产生的自相平衡的纵向约束应力。而当箱梁的温差变形受到超静定结构体系的多余约束阻碍时,便产生温度二次力,相应的截面应力即次应力。

国内张元海、李乔针对新颁布的公路桥梁设计规范规定的日照温度梯度模式,推导了预应力混凝土连续箱梁桥的温度应力计算公式,按新规范中的梯度模式进行预应力混凝土连续箱梁桥设计,能使结构的抗裂性得到显著改善。

本文研究的系统温度,分为系统升温和系统降温。由于同一座多跨连续刚构桥采用逐跨合龙时,在成桥前多次结构体系转换过程中形成多种系统温差,而多跨同时合龙只进行了一次体系转换形成一种系统温差,不同的合龙施工顺序伴随着不同的系统温度。本文结合某三跨刚构桥、某四跨刚构桥、某六跨刚构桥和某七跨刚构桥,主要讨论连续刚构桥在不同的合龙施工顺序下不同的系统温差对桥梁结构受力的影响,初探不同跨数的连续刚构桥在不同合龙顺序下的系统温差效应。

针对跨数不同的连续刚构桥,在逐跨合龙与同时合龙的合龙施工顺序下,我们按表2-17给出的温度对其进行系统温差效应分析。

各跨逐跨合龙与同时合龙的系统温度　　　　表2-17

名称	合龙位置	系统升温(℃)		系统降温(℃)	
		合龙顺序		合龙顺序	
		逐跨合龙	同时合龙	逐跨合龙	同时合龙
三跨刚构桥	先边跨	10	10	−10	−10
	后中跨	20		−15	
四跨刚构桥	先边跨	10	10	−10	−10
	后中跨	20		−15	
六跨刚构桥	先边跨	10	10	−10	−10
	次边跨	20		−15	
	后中跨	25		−20	
七跨刚构桥	先左边跨	10	10	−10	−10
	次边跨	15		−15	
	再中跨	20		−20	
	后右边跨	25		−25	

2.4.1　系统温差在不同合龙顺序时对主梁应力的影响

本文旨在研究系统温差的存在如何对成桥阶段受力产生影响,因此,以系统升温为例给出图 2-20 ~ 图 2-27、表 2-18 ~ 表 2-25 的结果数据。

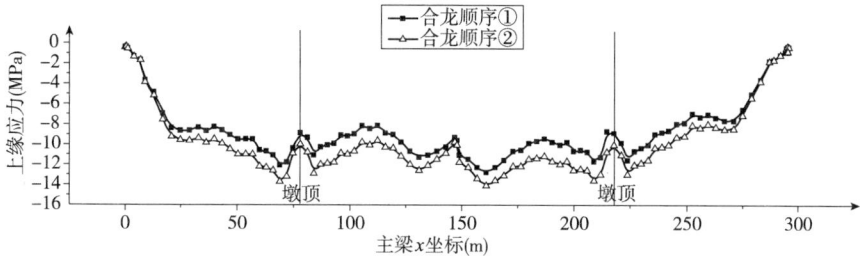

图 2-20　三跨刚构桥主梁上缘应力

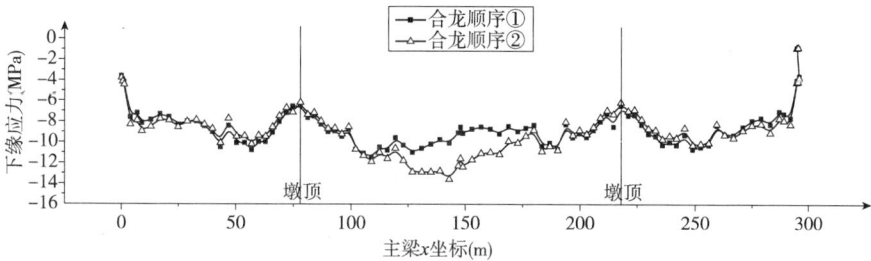

图 2-21　三跨刚构桥主梁下缘应力

三跨刚构桥成桥阶段主梁应力比较 表 2-18

节点位置	主梁 x 坐标（m）	上缘应力（MPa）			下缘应力（MPa）		
		逐跨合龙	同时合龙	（①－②）/①	逐跨合龙	同时合龙	（①－②）/①
左支点	0.59	−0.35	−0.35	0.00%	−4.14	−4.15	0.00%
左边跨 1/4 处	20.89	−9.31	−9.18	1.40%	−7.80	−8.12	−4.10%
左边跨跨中	39.89	−9.57	−9.41	1.67%	−8.59	−8.85	−3.03%
左边跨 3/4 处	56.89	−11.10	−10.90	1.80%	−10.10	−10.30	−1.98%
4 号墩墩顶	77.89	−10.10	−10.00	0.99%	−6.18	−6.18	0.00%
中跨 1/4 处	112.39	−9.64	−9.68	−0.41%	−11.10	−10.80	2.70%
中跨跨中	147.89	−10.10	−10.20	−0.99%	−11.80	−11.40	3.39%
中跨 3/4 处	183.39	−11.40	−11.50	−0.88%	−10.90	−10.60	2.75%
5 号墩墩顶	217.89	−10.10	−10.00	0.99%	−6.18	−6.18	0.00%
右边跨 3/4 处	235.89	−10.50	−10.40	0.95%	−9.65	−9.83	−1.87%
右边跨跨中	255.89	−8.49	−8.32	2.00%	−10.00	−10.30	−3.00%
右边跨 1/4 处	274.89	−7.22	−7.08	1.94%	−8.28	−8.61	−3.99%
右支点	295.19	−0.35	−0.35	0.00%	−4.14	−4.15	0.00%

由图 2-20、图 2-21 和表 2-18 可以看出,在成桥阶段,该三跨刚构桥的主梁上缘在逐跨合龙时最大应力为 − 14. 10MPa,在同时合龙顺序时的最大应力为 − 14. 20MPa,前者比后者小 0. 71% ,即 0. 10MPa;主梁下缘在逐跨合龙时的最大应力为 − 13. 80MPa,在同时合龙顺序时的最大应力为 − 13. 10MPa,前者比后者大 5. 07% ,即 0. 70MPa。而且,主梁上下缘在两种合龙方式下受系统温差效应未产生拉应力。由以上分析可知,在成桥阶段时,三跨连续刚构桥两种不同的合龙顺序时系统温差对主梁应力影响较小。

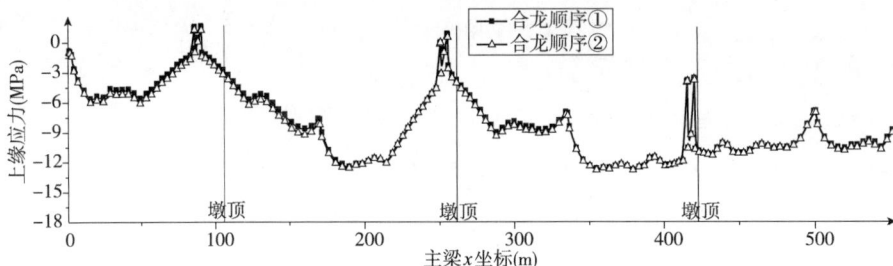

图 2-22　四跨刚构桥主梁上缘应力

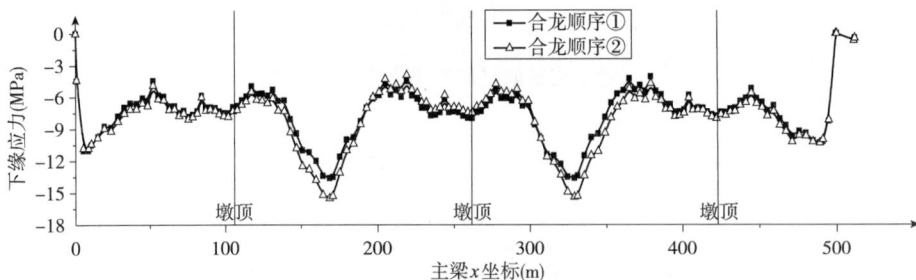

图 2-23　四跨刚构桥主梁下缘应力

四跨刚构桥成桥阶段主梁应力比较　　　　　表 2-19

节点位置	主梁 x 坐标(m)	上缘应力(MPa)			下缘应力(MPa)		
		逐跨合龙	同时合龙	(①−②)/①	逐跨合龙	同时合龙	(①−②)/①
左支点	0.6	−0.66	−0.64	2.58%	−4.37	−4.43	−1.37%
左边跨1/4处	24.4	−11.20	−11.60	−3.57%	−9.08	−8.82	2.86%
左边跨跨中	44.9	−12.80	−13.10	−2.34%	−6.44	−6.03	6.37%
左边跨3/4处	68.9	−15.80	−16.00	−1.27%	−7.67	−7.45	2.87%
1号墩墩顶	89.9	−11.40	−11.60	−1.75%	−7.15	−6.95	2.80%

44

节点位置	主梁 x 坐标(m)	上缘应力(MPa)			下缘应力(MPa)		
		逐跨合龙	同时合龙	(①-②)/①	逐跨合龙	同时合龙	(①-②)/①
左中跨 1/4 处	131.4	−13.90	−14.50	−4.32%	−6.20	−5.31	14.35%
左中跨跨中	168.9	−6.62	−7.49	−13.14%	−15.60	−13.60	12.82%
左中跨 3/4 处	208.4	−16.30	−15.80	3.07%	−5.23	−5.72	−9.37%
2 号墩墩顶	249.9	−11.30	−10.70	5.31%	−6.89	−7.35	−6.68%
右中跨 1/4 处	291.4	−14.70	−14.20	3.40%	−5.16	−5.73	−11.05%
右边跨跨中	328.9	−6.64	−7.46	−12.35%	−15.50	−13.60	12.26%
右边跨 3/4 处	371.9	−15.40	−16.00	−3.90%	−5.76	−4.89	15.10%
3 号墩墩顶	409.9	−11.40	−11.60	−1.75%	−7.18	−6.96	3.06%
右边跨 1/4 处	433.9	−14.40	−14.70	−2.08%	−7.22	−6.96	3.60%
右边跨跨中	454.9	−11.90	−12.30	−3.36%	−7.65	−7.20	5.88%
右边跨 3/4 处	479.9	−6.91	−7.28	−5.35%	−9.54	−9.36	1.89%
右支点	499.2	0.00	0.00	0.00%	0.00	0.00	0.00%

由图 2-22、图 2-23 和表 2-19 可以看出,在成桥阶段,该四跨刚构桥的主梁上缘在逐跨合龙时的最大应力为 −17.60MPa,在同时合龙时的最大应力为 −17.80MPa,前者比后者小 1.12%,即 0.20MPa;主梁下缘在逐跨合龙时的最大应力为 −15.50MPa,在同时合龙时的最大应力为 −13.60MPa,前者比后者大 13.97%,即 1.90MPa。而且,对于主梁有的截面产生较大的变化,例如:右边跨跨中处,上下缘相差分别为 12.35%、12.26%。而且,主梁上下缘在两种合龙方式下受系统温差效应未产生拉应力。由以上分析可知,在成桥阶段时,四跨连续刚构桥两种不同的合龙顺序除个别节点外,系统温差对主梁应力有较小的影响。

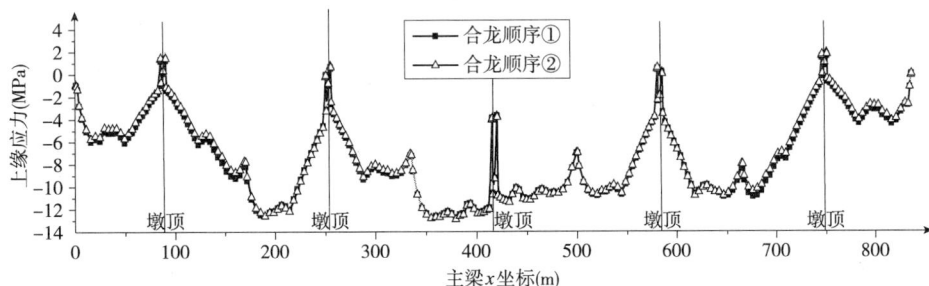

图2-24 六跨刚构桥主梁上缘应力

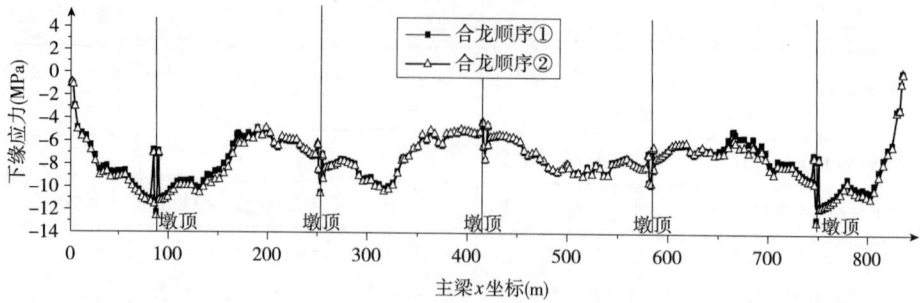

图 2-25　六跨刚构桥主梁下缘应力

六跨刚构桥成桥阶段主梁应力比较

表 2-20

节点位置	主梁 x 坐标(m)	上缘应力(MPa)			下缘应力(MPa)		
		逐跨合龙	同时合龙	(①-②)/①	逐跨合龙	同时合龙	(①-②)/①
左支点	0.68	-0.94	-0.94	-0.11%	-1.06	-1.06	0.00%
A 跨 1/4 处	22.68	-5.36	-6.14	-14.55%	-7.03	-5.87	16.50%
A 跨跨中	44.68	-5.03	-6.01	-19.48%	-9.42	-8.21	12.85%
A 跨 3/4 处	66.68	-3.16	-3.99	-26.27%	-10.50	-9.62	8.38%
33 号墩墩顶	88.68	0.47	0.32	31.40%	-12.70	-12.00	5.51%
B 跨 1/4 处	129.93	-5.18	-6.04	-16.60%	-10.80	-9.71	10.09%
B 跨跨中	171.18	-7.99	-7.64	4.38%	-5.88	-6.14	-4.42%
B 跨 3/4 处	212.43	-12.10	-10.90	9.92%	-6.12	-7.56	-23.53%
34 号墩墩顶	253.68	-0.62	-0.61	2.09%	-10.80	-9.84	8.89%
C 跨 1/4 处	294.93	-7.89	-9.43	-19.52%	-9.98	-7.82	21.64%
C 跨跨中	336.18	-7.15	-7.47	-4.48%	-7.75	-6.56	15.35%
C 跨 3/4 处	377.43	-12.90	-11.30	12.40%	-5.92	-7.27	-22.80%
35 号墩墩顶	418.68	-9.50	-8.58	9.68%	-7.45	-7.98	-7.11%
D 跨 1/4 处	459.93	-11.40	-10.40	8.77%	-5.69	-6.33	-11.25%
D 跨跨中	501.18	-6.85	-7.42	-8.32%	-8.39	-6.62	21.10%
D 跨 3/4 处	542.43	-9.89	-11.00	-11.22%	-9.32	-7.53	19.21%
36 号墩墩顶	583.68	-2.11	-1.21	42.65%	-9.49	-10.20	-7.48%
E 跨 1/4 处	624.93	-10.40	-9.01	13.37%	-6.66	-8.21	-23.27%
E 跨跨中	666.18	-8.22	-7.82	4.87%	-5.53	-5.89	-6.51%
E 跨 3/4 处	707.43	-6.83	-7.73	-13.18%	-8.93	-7.90	11.53%

46

续上表

节点位置	主梁 x 坐标(m)	上缘应力(MPa)			下缘应力(MPa)		
		逐跨合龙	同时合龙	(①-②)/①	逐跨合龙	同时合龙	(①-②)/①
37 号墩墩顶	748.68	1.15	0.41	64.17%	-13.10	-12.40	5.34%
F 跨 1/4 处	770.68	-2.01	-2.90	-44.28%	-11.00	-10.00	9.09%
F 跨跨中	792.68	-2.88	-3.94	-36.81%	-10.80	-9.46	12.41%
F 跨 3/4 处	814.68	-4.04	-4.87	-20.54%	-8.07	-6.85	15.12%
右支点	836.68	0.00	0.00	0.00%	0.00	0.00	0.00%

由图 2-24、图 2-25 和表 2-20 可以看出,在成桥阶段,该六跨刚构桥的主梁上缘在逐跨合龙时最大应力为 -13.20MPa,在同时合龙时的最大应力为 -12.00MPa,前者比后者大 9.09%,即 1.20MPa,逐跨合龙与同时合龙的上缘最大拉应力分别为 1.93MPa、1.48MPa;主梁下缘在逐跨合龙时最大应力为 -13.10MPa,在同时合龙时的最大应力为 -12.40MPa,前者比后者大 5.34%,即 0.70MPa,逐跨合龙与同时合龙的上缘最大拉应力分别为 0.13MPa、0.15MPa。由以上分析可知,在成桥阶段时,六跨连续刚构两种不同的合龙顺序系统温差对主梁应力有一定的影响。

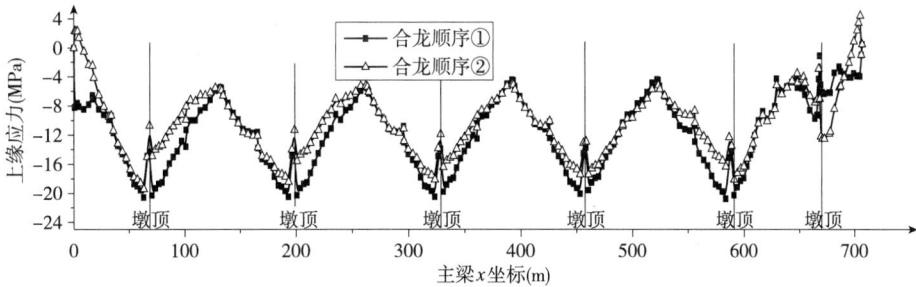

图 2-26 七跨刚构桥主梁上缘应力

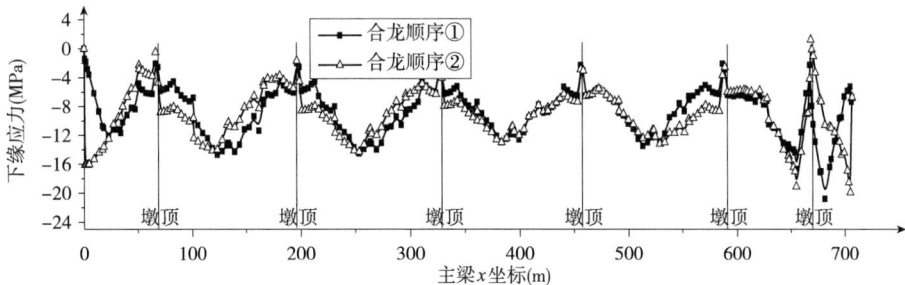

图 2-27 七跨刚构桥主梁下缘应力

七跨刚构桥成桥阶段主梁应力比较 表 2-21

节点位置	主梁 x 坐标(m)	上缘应力(MPa)			下缘应力(MPa)		
		逐跨合龙	同时合龙	(①-②)/①	逐跨合龙	同时合龙	(①-②)/①
左支点	0.6	−35.30	−6.32	82.10%	−25.30	−2.90	88.54%
A 跨 1/4 处	16.96	−31.00	−6.96	77.55%	−36.20	−7.80	78.45%
A 跨跨中	33.92	−30.10	−6.88	77.14%	−34.40	−13.00	62.21%
A 跨 3/4 处	50.88	−33.60	−10.60	68.45%	−23.40	−11.20	52.14%
39 号墩墩顶	68.44	−25.60	−5.80	77.34%	−9.40	−9.66	−2.77%
B 跨 1/4 处	100.94	−32.70	−10.10	69.11%	−28.50	−9.49	66.70%
B 跨跨中	133.44	−28.50	−12.10	57.54%	−44.80	−2.28	94.91%
B 跨 3/4 处	165.94	−34.50	−9.29	73.07%	−27.20	−11.60	57.35%
40 号墩墩顶	198.44	−26.30	−5.17	80.34%	−9.05	−10.30	−13.81%
C 跨 1/4 处	230.94	−32.00	−7.08	77.88%	−27.80	−12.10	56.47%
C 跨跨中	263.44	−28.80	−11.50	60.07%	−43.60	−2.91	93.33%
C 跨 3/4 处	295.94	−34.00	−9.10	73.24%	−27.80	−12.30	55.76%
40 号墩墩顶	328.44	−26.30	−5.09	80.65%	−8.93	−10.40	−16.46%
D 跨 1/4 处	360.94	−33.50	−8.50	74.63%	−27.40	−11.20	59.12%
D 跨跨中	393.44	−28.40	−10.40	63.38%	−43.10	−1.85	95.71%
D 跨 3/4 处	425.94	−33.30	−8.19	75.41%	−28.90	−12.70	56.06%
41 号墩墩顶	458.44	−26.20	−4.66	82.21%	−9.08	−10.80	−18.94%
E 跨 1/4 处	490.94	−32.00	−6.62	79.31%	−28.20	−11.50	59.22%
E 跨跨中	523.44	−28.60	−10.80	62.24%	−43.60	−1.55	96.44%
E 跨 3/4 处	563.69	−34.90	−9.48	72.84%	−24.00	−11.80	50.83%
42 号墩墩顶	588.44	−25.00	−6.73	73.08%	−10.30	−8.78	14.76%
F 跨 1/4 处	608.315	−31.60	−7.93	74.91%	−24.90	−12.00	51.81%
F 跨跨中	628.19	−29.30	−6.97	76.21%	−33.20	−7.50	77.41%
F 跨 3/4 处	648.065	−28.90	−6.91	76.09%	−44.80	−10.40	76.79%
43 号墩墩顶	667.94	−15.60	0.04	100.24%	−9.45	−7.41	21.59%

节点位置	主梁 x 坐标(m)	上缘应力(MPa)			下缘应力(MPa)		
		逐跨合龙	同时合龙	(①-②)/①	逐跨合龙	同时合龙	(①-②)/①
G 跨 1/4 处	677.525	-33.30	-6.41	80.75%	-35.50	-14.90	58.03%
G 跨跨中	687.11	-31.60	-5.51	82.56%	-39.10	-10.10	74.17%
G 跨 3/4 处	696.695	-33.70	-6.02	82.14%	-32.30	-5.28	83.65%
右支点	706.28	-0.97	-0.97	0.21%	-6.84	-6.75	1.32%

由图 2-26、图 2-27 和表 2-21 可以看出,在成桥阶段,该七跨刚构桥的主梁上缘在逐跨合龙时的最大应力为 -37.60MPa,在同时合龙时最大应力为 -13.10MPa,前者比后者大 65.16%,即 24.50MPa。两种合龙顺序的上缘最大拉应力都为 0.46MPa;主梁下缘在逐跨合龙时的最大应力为 -46.70MPa,在同时合龙时最大应力为 -16.80MPa,前者比后者大 64.03%,即 29.90MPa。逐跨合龙顺序和同时合龙顺序时,下缘无拉应力。由以上分析可知,在成桥阶段时,七跨连续刚构桥两种不同的合龙顺序系统温差对主梁应力有较大影响。

2.4.2 系统温差在不同合龙顺序时对主梁线形的影响

由图 2-28 和表 2-22 可以看出,成桥阶段时,该三跨刚构桥在逐跨合龙时的最大竖向位移为 77.23mm,在同时合龙时的最大竖向位移为 78.66mm,发生在两侧的边跨合龙段处,前者比后者小 1.85%,即小 1.43mm;不同的合龙顺序在系统温差的影响下,左边跨跨中、中跨跨中和右边跨跨中相差 22.69%、55.18% 和 22.04%,不同的合龙顺序下在系统温差的效应下,对有的主梁截面位移产生较大影响。例如,中跨跨中 1/4 和 3/4 处,相差分别为 90.60%、94.61%,由以上分析可知,三跨连续刚构桥成桥阶段不同的合龙顺序受系统温差效应对主梁线形影响较大。

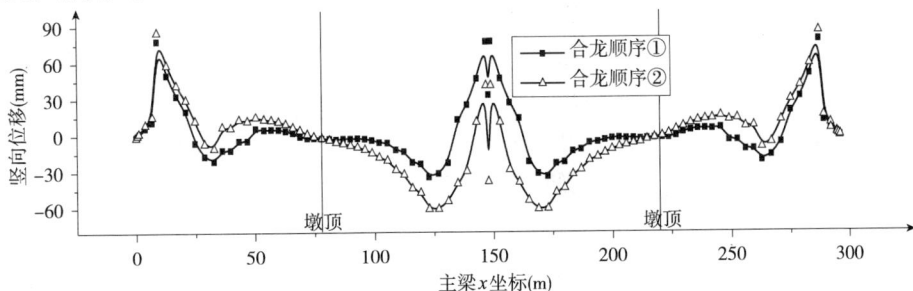

图 2-28 三跨刚构桥主梁竖向位移

三跨刚构桥成桥阶段主梁竖向位移比较　　　　表 2-22

节点位置	主梁 x 坐标(m)	逐跨合龙(mm)	同时合龙(mm)	(①-②)/①
左支点	0.59	0.00	0.00	0.00%
左边跨 1/4 处	20.89	17.56	19.35	-10.15%
左边跨跨中	39.89	-7.91	-6.12	22.69%
左边跨 3/4 处	56.89	2.45	3.75	-52.71%
4 号墩墩顶	77.89	-2.45	-2.44	0.24%
中跨 1/4 处	112.39	-3.83	-7.31	-90.60%
中跨跨中	147.89	33.30	14.93	55.18%
中跨 3/4 处	183.39	-3.67	-7.14	-94.61%
5 号墩墩顶	217.89	-2.44	-2.44	0.22%
右边跨 3/4 处	235.89	2.51	3.65	-45.48%
右边跨跨中	255.89	-8.10	-6.32	22.04%
右边跨 1/4 处	274.89	16.48	18.25	-10.74%
右支点	295.19	0.00	0.00	0.00%

由图 2-29 和表 2-23 可以看出,成桥阶段时,该四跨刚构桥在逐跨合龙时最大竖向位移为 74.15mm,发生的位置在左侧中跨跨中处,在同时合龙时的最大竖向位移为 62.74mm,发生在右侧的中跨跨中处,前者比后者大 15.39%,即 11.41mm。左边跨跨中、左中跨跨中、右中跨跨中、右边跨跨中的主梁截面在两种不同合龙方式时受温差效应的影响,相差分别为 18.26%、-2.71%、15.79%、-30.93%。由上分析可知,在成桥后阶段,四跨连续刚构桥两种不同的合龙顺序受系统温差效应对主梁线形有较大的影响。

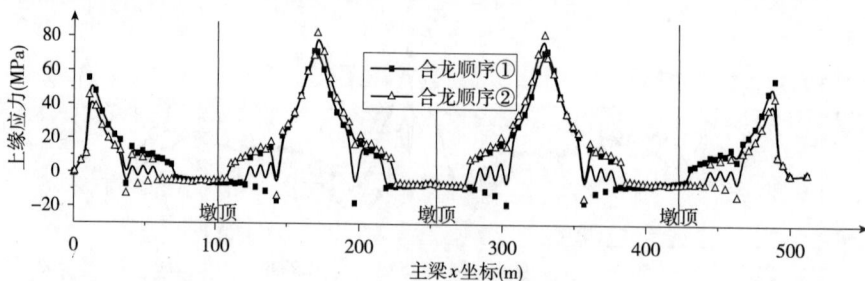

图 2-29　四跨刚构桥主梁竖向位移

四跨刚构桥成桥阶段主梁竖向位移比较 表 2-23

节点位置	主梁 x 坐标(m)	逐跨合龙(mm)	各跨同时合龙(mm)	(①-②)/①
左支点	0.6	0.00	0.00	0.00%
左边跨 1/4 处	24.4	13.68	22.12	-61.75%
左边跨跨中	44.9	-1.91	-1.56	18.26%
左边跨 3/4 处	68.9	-2.01	-0.56	72.12%
1 号墩墩顶	89.9	-5.00	-4.93	1.51%
左中跨 1/4 处	131.4	10.11	5.91	41.59%
左中跨跨中	168.9	60.93	62.58	-2.71%
左中跨 3/4 处	208.4	9.24	5.46	40.92%
2 号墩墩顶	249.9	-5.94	-5.91	0.56%
右中跨 1/4 处	291.4	7.92	4.91	38.05%
右中跨跨中	328.9	73.13	61.59	15.79%
右中跨 3/4 处	371.9	7.13	3.24	54.62%
3 号墩墩顶	409.9	-5.73	-5.64	1.57%
右边跨 3/4 处	433.9	-2.58	-1.41	45.43%
右边跨跨中	454.9	-1.14	-1.49	-30.93%
右边跨 1/4 处	479.9	21.65	31.26	-44.34%
右支点	499.2	0.00	0.00	0.00%

由图 2-30 和表 2-24 可以看出,成桥阶段时,该六跨刚构桥在逐跨合龙时最大竖向位移为 145.20mm,在同时合龙时的最大竖向位移为 253.57mm,发生的位置都在左侧中跨跨中处,前者比后者的最大竖向位移小 74.63%,即 108.37mm;左边跨跨中、左次边跨跨中、左中跨跨中、右中跨跨中、右次边跨跨中、右边跨跨中的主梁截面在两种不同合龙方式时受温差效应的影响,相差分别为 36.62%、15.31%、55.10%、-88.88%、15.85%、45.90%。由以上分析可知,六跨连续刚构桥成桥阶段在不同的合龙顺序时受温差效应的影响对主梁线形有较大的影响。

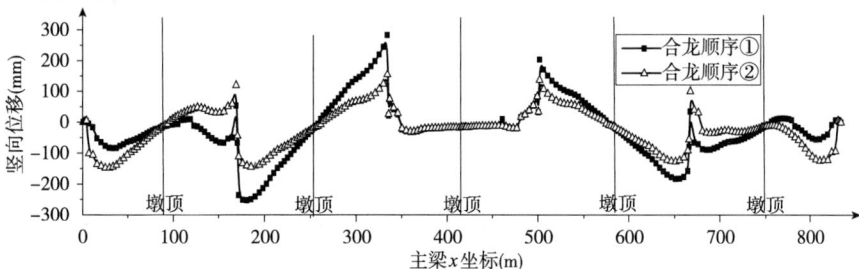

图 2-30 六跨刚构桥主梁竖向位移

六跨刚构桥成桥阶段主梁竖向位移　　　　　表 2-24

节点位置	主梁 x 坐标(m)	逐跨合龙(mm)	同时合龙(mm)	(①－②)/①
左支点	0.68	0	0	0.00%
左边跨 1/4 处	22.68	－132.88	－60.63	54.37%
左边跨跨中	44.68	－106.73	－67.65	36.62%
左边跨 3/4 处	66.68	－57.06	－39.80	30.24%
33 号墩墩顶	88.68	－13.18	－13.18	0.02%
左次边跨 1/4 处	129.93	34.69	4.44	87.21%
左次边跨跨中	171.18	－18.59	－15.74	15.31%
左次边跨 3/4 处	212.43	－86.13	－127.69	－48.24%
34 号墩墩顶	253.68	－18.17	－18.08	0.49%
左中跨 1/4 处	294.93	58.88	99.71	－69.36%
左中跨跨中	336.18	16.74	7.52	55.10%
左中跨 3/4 处	377.43	－5.97	－8.11	－35.74%
35 号墩墩顶	418.68	－14.57	－14.75	－1.23%
右中跨 1/4 处	459.93	－5.12	－8.93	－74.38%
右中跨跨中	501.18	29.41	55.55	－88.88%
右中跨 3/4 处	542.43	52.37	56.74	－8.34%
36 号墩墩顶	583.68	－13.11	－13.09	0.18%
右次边跨 1/4 处	624.93	－74.28	－82.24	－10.71%
右次边跨跨中	666.18	－31.51	－26.52	15.85%
右次边跨 3/4 处	707.43	－11.76	－10.22	13.15%
37 号墩墩顶	748.68	－13.36	－13.35	0.06%
右边跨 3/4 处	770.68	－12.20	－14.20	－16.46%
右边跨跨中	792.68	－60.03	－32.48	45.90%
右边跨 1/4 处	814.68	－113.30	－42.89	62.14%
右支点	836.68	0	0	0.00%

由图 2-31 和表 2-25 可以看出,成桥阶段时,该七跨刚构桥在逐跨合龙时最大竖向位移为 －309.42mm,发生的位置在 39 号墩与 40 号墩跨中处;在同时合龙时的最大竖向位移为 －282.39mm,发生的位置在 43 号墩与 44 号墩跨中处,

前者比后者大 8.74%,即逐跨合龙的最大竖向位移值比同时合龙的最大竖向位移在逐跨合龙时大 27.03mm;A 跨、B 跨、C 跨、D 跨、E 跨、F 跨、G 跨七跨跨中在两种不同合龙顺序时受温差效应相差为 69.42%、328.76%、325.33%、486.77%、392.78%、8.84% 、−252.63%。由以上分析可知,七跨连续刚构在成桥阶段不同的合龙顺序系统温差对主梁线形有很大的影响。

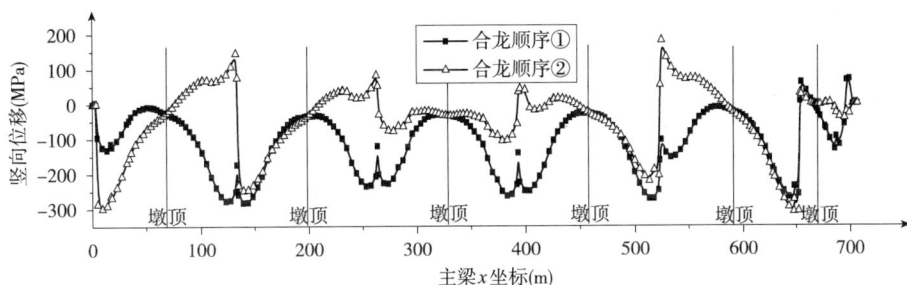

图 2-31　七跨刚构桥主梁竖向位移

七跨刚构桥成桥阶段主梁竖向位移比较 表 2-25

节点位置	主梁 x 坐标(m)	逐跨合龙(mm)	同时合龙(mm)	(① − ②)/①
左支点	0.6	0.00	0.00	0.00%
A 跨 1/4 处	16.96	− 262.06	− 113.16	56.82%
A 跨跨中	33.92	− 153.75	− 47.01	69.42%
A 跨 3/4 处	50.88	− 71.26	− 7.61	89.32%
39 号墩墩顶	68.44	− 25.01	− 25.88	− 3.45%
B 跨 1/4 处	100.94	67.42	− 137.86	304.46%
B 跨跨中	133.44	75.91	− 173.66	328.76%
B 跨 3/4 处	165.94	− 130.70	− 126.37	3.31%
40 号墩墩顶	198.44	− 35.01	− 34.75	0.76%
C 跨 1/4 处	230.94	38.84	− 98.09	352.54%
C 跨跨中	263.44	53.54	− 120.64	325.33%
C 跨 3/4 处	295.94	− 23.41	− 84.89	− 262.67%
41 号墩墩顶	328.44	− 32.56	− 32.37	0.58%
D 跨 1/4 处	360.94	− 42.91	− 115.75	− 169.78%
D 跨跨中	393.44	36.25	− 140.19	486.77%
D 跨 3/4 处	425.94	14.06	− 104.21	841.45%

续上表

节点位置	主梁 x 坐标（m）	逐跨合龙（mm）	同时合龙（mm）	(①－②)/①
42 号墩墩顶	458.44	－27.59	－27.30	1.03%
E 跨 1/4 处	490.94	－108.45	－122.61	－13.06%
E 跨跨中	523.44	55.40	－162.19	392.78%
E 跨 3/4 处	563.69	59.50	－27.66	146.49%
43 号墩墩顶	588.44	－17.88	－18.46	－3.25%
F 跨 1/4 处	608.315	－77.90	－60.30	22.59%
F 跨跨中	628.19	－200.43	－182.70	8.84%
F 跨 3/4 处	648.065	－274.25	－236.01	13.94%
44 号墩墩顶	667.94	－4.02	－10.04	－149.87%
G 跨 1/4 处	677.525	1.62	－71.44	4506.86%
G 跨跨中	687.11	－26.84	－94.64	－252.63%
G 跨 3/4 处	696.695	－23.66	68.10	387.80%
右支点	706.28	0.00	0.00	0.00%

2.4.3　系统温差在不同合龙顺序时对桥墩受力的影响

对于系统温差的影响,本文对四种不同跨数连续刚构桥在逐跨合龙和一次合龙两种不同合龙顺序下的桥墩受力也进行了比较分析,将不同合龙施工顺序下合龙阶段桥墩墩顶的水平位移和内力弯矩计算结果示于下文表 2-26 ~ 表 2-29。其中符号依照 MIDAS/Civil 规定:位移以水平向右为正,水平向左为负;弯矩以绕 y 轴正方向产生顺时针为正,反之为负。

三跨刚构桥墩顶水平位移值和弯矩值　　　　　表 2-26

位置	墩顶水平位移值比较			墩顶弯矩值比较		
	逐跨合龙（mm）	同时合龙（mm）	(①－②)/①	逐跨合龙（kN·m）	同时合龙（kN·m）	(①－②)/①
4 号墩左侧墩顶	－3.66	5.01	236.77%	9 498	－1 094	111.52%
4 号墩右侧墩顶	－3.81	3.58	193.96%	4 107	－4 409	207.34%
5 号墩左侧墩顶	3.85	－3.56	192.32%	－4 074	4 428	208.67%
5 号墩右侧墩顶	3.71	－4.98	234.33%	－9 469	1 104	111.66%

四跨刚构桥墩顶水平位移值和弯矩值　　　　　表 2-27

位置	墩顶水平位移值比较			墩顶弯矩值比较		
	逐跨合龙 （mm）	同时合龙 （mm）	（①-②）/①	逐跨合龙 （kN·m）	同时合龙 （kN·m）	（①-②）/①
1 号墩左侧墩顶	-25.021	-2.840	88.65%	10 306	-115	101.12%
1 号墩右侧墩顶	-24.374	-3.438	85.89%	7 950	-1 744	121.95%
2 号墩左侧墩顶	3.569	0.780	78.15%	-112	138	222.54%
2 号墩右侧墩顶	4.250	0.134	96.86%	-2 104	-186	91.13%
3 号墩左侧墩顶	31.792	4.647	85.38%	-8 329	1 632	119.60%
3 号墩右侧墩顶	32.431	4.045	87.53%	-10 341	145	101.40%

六跨刚构桥墩顶水平位移值和弯矩值　　　　　表 2-28

位置	墩顶水平位移值比较			墩顶弯矩值比较		
	逐跨合龙 （mm）	同时合龙 （mm）	（①-②）/①	逐跨合龙 （kN·m）	同时合龙 （kN·m）	（①-②）/①
33 号墩墩顶	-139.15	-118.41	14.90%	126 726	-29 010	122.89%
34 号墩墩顶	-12.43	1.94	115.61%	22 808	-5 387	123.62%
35 号墩墩顶	77.01	50.10	34.95%	-89 817	34 792	138.74%

七跨刚构桥墩顶水平位移值和弯矩值　　　　　表 2-29

位置	墩顶水平位移值比较			墩顶弯矩值比较		
	逐跨合龙 （mm）	同时合龙 （mm）	（①-②）/①	逐跨合龙 （kN·m）	同时合龙 （kN·m）	（①-②）/①
40 号墩墩顶	-163.05	4.53	102.78%	32 842	-19 593	159.66%
41 号墩墩顶	-13.06	7.51	157.50%	14 221	10 528	25.97%
42 号墩墩顶	63.48	7.42	88.30%	1 901	4 909	-158.13%
43 号墩墩顶	46.64	81.06	-73.81%	96 838	-71 308	173.64%

由表 2-26 ~ 表 2-29 可以看出,成桥阶段受到系统温差效应影响,该三跨刚构桥在两种不同合龙顺序时,4 号墩左侧墩顶和 5 号墩右侧墩顶的墩顶水平位移变大,差值分别为 236.77%、234.33%,4 号墩右侧墩顶和 5 号墩左侧墩顶水平位移变小,差值分别为 193.96%、192.32%;4 号墩左侧墩顶和 5 号墩右侧墩顶的墩顶弯矩反而变小,差值分别为 111.52%、111.66%;4 号墩右侧墩顶和5 号

墩左侧墩顶弯矩反而变大,差值分别为 207.34%、208.67%,墩顶水平位移和弯矩方向都变为相反;该四跨刚构桥的墩顶水平位移逐跨合龙要比同时合龙大,差值为 78%~97% 之间,墩顶弯矩除了 3 号墩顶变大之外,其他都变小,差值为 101%~223% 以内。该六跨刚构桥墩顶水平位移逐跨合龙时小于同时合龙时,差值为 14%~116%,墩顶弯矩在逐跨合龙时也小于在同时合龙时,差值为 122%~139%。该七跨刚构桥的墩顶水平位移除 43 号墩墩顶外,逐跨合龙要比同时合龙产生的墩顶水平位移大,差值在 89%~166% 之间,墩顶弯矩 40 号墩顶和 41 号墩墩顶,逐跨合龙小于同时合龙,差值分别为 159.66%、25.97%;42 号墩墩顶和 43 号墩墩顶,逐跨合龙大于同时合龙,差值分别为 -158.13%、173.64%。由以上得出,采用逐跨合龙与同时合龙两种不同合龙的方式对墩顶水平位移、墩顶弯矩会产生较大的变化。但是,采用不同合龙方式时,势必会对墩顶水平位移及其弯矩值产生很大的影响,这应当在施工时引起关注。

2.4.4 小结

本章介绍了合龙施工时由于系统温差的存在,会对结构体系转化时产生不可忽略的次内力。以系统升温条件下为例,研究了逐跨合龙与同时合龙两种不同合龙方式受系统温差的影响,主梁应力相差较小,主梁线形和桥墩受力的结果相差较为明显。不同跨数连续刚构桥在逐跨合龙与同时合龙两种不同合龙顺序下产生的最大差值如表 2-30 所示。

四座不同跨数连续刚构桥主梁、墩顶最大差值比较　　　　　表 2-30

名称	跨数	主梁			桥墩	
		应力最大值的差值		竖向最大位移的差值	墩顶水平位移最大差值	墩顶弯矩最大差值
		上缘	下缘			
三跨刚构桥	3	0.71%	5.07%	1.85%	236.77%	208.67%
四跨刚构桥	4	1.12%	13.97%	15.39%	96.86%	222.54%
六跨刚构桥	6	9.09%	5.34%	74.63%	115.61%	138.74%
七跨刚构桥	7	65.16%	64.03%	8.47%	157.50%	173.64%

由表 2-30 可以看出,成桥阶段时受系统温差的影响,比较四座刚构桥的主梁应力,上下缘应力差值最大的是该七跨连续刚构桥,差值分别为 65.16%、64.03%;而对于主梁竖向位移,该六跨刚构桥差值最大,为 74.63%。桥墩的墩顶的水平位移和墩顶弯矩差值都很大。由以上数据分析,可以得出:多跨的连续刚构桥采用逐跨合龙与同时合龙两种不同的合龙方式时,会对主梁截面上下缘

应力产生较小的影响,但对主梁线形的影响却较大;而且,对于桥墩的墩顶水平位移和墩顶弯矩,两者差异更大。

因此,温度的变化对结构产生的影响是复杂的。在施工中,我们常常为了使合龙段混凝土凝固过程中处于升温受压状态,以利于两端梁的良好结合,浇筑时应选择一天中气温最低时段进行,一般浇筑时间安排在夜间、气温比较平稳的时候,并在风力比较小或无风情况下,在最短时间内完成。有资料已证实,温度变化对悬浇法悬臂箱梁高程的影响显著,悬臂越长、温度变化越大,此项影响越显著,因此在大跨度桥梁的悬浇法施工监控中,应采取有效的方法克服其影响。

2.5 不同合龙顺序的收缩、徐变效应研究

人们对混凝土收缩与徐变现象的认识始于 20 世纪初,对这种现象的系统研究始于 20 世纪 30 年代,混凝土徐变、收缩理论应用于实际结构则更晚。直到 20 世纪 40 年代后期,多数设计人员还认为混凝土收缩、徐变是一个单纯的属于材料科学的学术问题。经过几十年的研究,人们对徐变和收缩的认识在不断提高,徐变、收缩理论在不断发展,其效应的分析方法在不断地改进。

混凝土徐变与收缩作用效应分析,是混凝土桥梁结构设计计算中的一项重要内容。收缩、徐变对混凝土桥梁的影响,时间跨度大且与结构形式、构件截面组成方式,以及施工内容等因素有关。混凝土的收缩与徐变对大跨度桥梁的变形和内力影响较大,尤其是采用悬臂施工方法时,混凝土龄期短,收缩、徐变效应更加明显。在钢筋混凝土和预应力混凝土中,随时间而增加的混凝土收缩和徐变受到内部钢筋的约束将导致应力重分布。由于结构不对称或悬臂施工的进度不同,从而使徐变、收缩发展的过程不同,使左右两半跨产生的挠度和转角不同,如果不能预先准确地计入徐变、收缩效应,并采取相应措施,将导致合龙困难。因此,选择逼近实际的徐变和收缩分析模式,合理地进行徐变、收缩效应分析,从而正确地考虑徐变与收缩的影响非常必要。

目前,国内外对预测混凝土徐变形成了多种理论,提出了各种不同的计算模式,常用的模式有 ACI、CEB – FIP、BP 和 BP2 等。结构的徐变效应分析方法大体上可以归结为 4 种:狄辛格方法、扩展狄辛格方法、换算弹性模量法和初应变法。

徐变和收缩是混凝土黏弹性体的两种与时间有关的变形性质。由于混凝土中所含水分的变化、化学反应及温度降低等因素引起的混凝土体积缩小,称为混凝土的收缩。徐变则是指在持续荷载作用下,混凝土结构的变形将随时间不断增加的现象,一般徐变变形比瞬时弹性变形大 1~3 倍。由于混凝土收缩徐变的

时变性质,预应力混凝土桥梁收缩徐变效应贯穿于桥梁建造至整个服役期,且其效应依时而变。预应力混凝土桥梁收缩徐变作用效应主要体现于以下几个方面。

(1)梁体中混凝土和钢筋的应力、应变均随时间而变化。无论是静定体系还是超静定体系的预应力混凝土桥梁,混凝土的自由徐变受到钢筋的约束,同一截面上的混凝土和钢筋的应力必将发生依时而变的重分布,混凝土、钢筋的应力、应变随时间而变化。混凝土与钢筋之间的应力重分布不仅与截面配筋率、钢筋的布置、随时间而发展的混凝土弹性模量和预应力钢筋的松弛、混凝土截面是否开裂及其裂缝扩展的进程等因素密切相关,且与混凝土的徐变特性、桥梁施工方法、截面尺寸特征、工作环境等相关。因此,准确预测依时而变的混凝土和钢筋应力、应变是十分复杂的问题。

(2)梁体的挠度或上拱度随时间而变化。预应力混凝土桥梁在自重及预加应力作用下,截面通常长期承受不均匀受压,混凝土的收缩徐变导致截面曲率的绝对值依时而递增(增长率依时递减),梁体的挠度或拱度亦随时间而增长。

(3)预应力混凝土构件中,收缩和徐变导致预应力损失。

(4)超静定体系梁发生体系转换时所产生的徐变次内力随时间而变化。对于超静定体系梁,在施工过程中发生体系转换时,从先期结构继承下来的应力所产生的徐变受到后期结构的约束,将在结构中产生时变的徐变次内力。由于徐变受钢筋的约束影响,时变徐变次内力与钢筋截面配筋率、布置等有关。

(5)在持续荷载作用下,徐变降低了相对于该持续荷载而言的梁体刚度在持续恒荷载作用下,徐变使混凝土的应变随时间而增加,从而导致了混凝土的应力与应变之比值(可称为"有效弹性模量")随时间而降低,"梁体有效刚度"亦随时间而逐渐降低,从而导致梁体的时变上拱或下挠;对于超静定体系桥梁,"刚度降低"使外加强迫位移(如支座沉降、梁体的调高等)所产生的部分约束内力逐渐释放。

(6)收缩徐变影响梁体混凝土的开裂进程。在预应力钢筋锚固部位附近的高应力区域或应力集中处,收缩徐变极可能促使混凝土裂缝的提前出现或加速裂缝的扩展。

(7)徐变可能影响梁体的脆性破坏。通过改变梁体长期受载(永久作用)下的应力状态,徐变将间接地影响叠加活载作用下的应力峰值。由于混凝土为脆性材料(极有限的延性),徐变将以上述方式影响梁体的脆性破坏。因此,在短期的超载作用下,徐变极可能改变梁体破坏的安全裕度,即计及徐变长期效应的临界荷载可能小于弹性临界荷载。

预应力混凝土连续刚构桥作为典型的预应力混凝土桥梁,混凝土的收缩徐变作用效应在很大程度上影响着其长期服役性能,而且成为制约其建造跨越能力的一大瓶颈。目前该类桥型中,国内的虎门大桥辅助航道桥(主跨270m),建成于1997年,但是2002年实测的箱梁中跨跨中最大累计下挠量为0.192 7m,中跨跨中下挠严重。据分析,混凝土徐变、收缩是其中最主要的原因之一。因此充分估计和预测混凝土徐变的长期效应对桥梁的设计显得至关重要。

2.5.1　不同合龙顺序收缩、徐变对主梁应力的影响

由图2-32、图2-33和表2-31、表2-32可以看出,该三跨刚构桥成桥三年后,主梁上缘在逐跨合龙时的最大应力为 − 13.10MPa,在同时合龙时的最大应力为 − 13.10MPa,两者差值为0;主梁下缘在逐跨合龙时的最大应力为 − 11.50MPa,在同时合龙时的最大应力为 − 11.50MPa,两者差值也为0。成桥十年后,主梁上缘在逐跨合龙时的最大应力为 − 12.80MPa,在同时合龙时的最大应力为 − 12.80MPa,两者差值为0;主梁下缘在逐跨合龙时的最大应力为 − 11.30MPa,在同时合龙时的最大应力为 − 11.40MPa,在同时合龙时的最大应力的应力比逐跨合龙时大0.88%。而且,成桥十年后,主梁截面无拉应力。由以上分析可知,三跨连续刚构在成桥阶段后不同的合龙顺序对主梁应力影响很小。

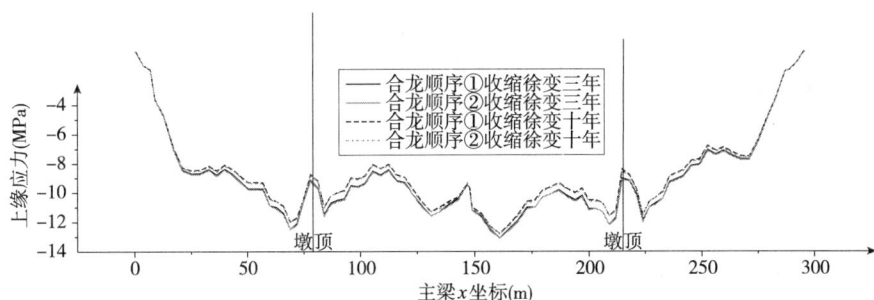

图2-32　三跨刚构桥成桥后三年、十年主梁上缘应力

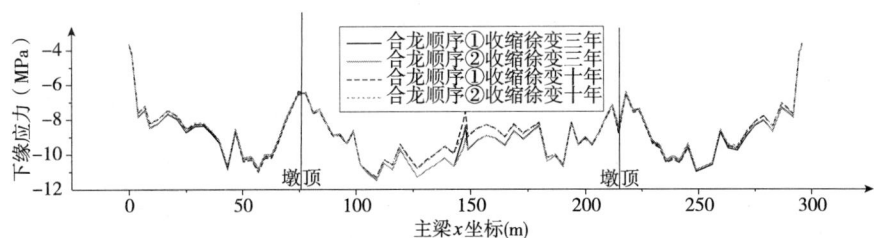

图2-33　三跨刚构桥成桥后三年、十年主梁下缘应力

三跨刚构桥成桥后三年主梁应力比较 表2-31

节点位置	主梁 x 坐标(m)	上缘应力(MPa)			下缘应力(MPa)		
		逐跨合龙	同时合龙	(①-②)/①	逐跨合龙	同时合龙	(①-②)/①
左支点	0.7	-0.35	-0.35	0	-4.01	-4.01	0
左边跨1/4处	21	-8.46	-8.51	-0.59%	-7.97	-7.91	0.75%
左边跨跨中	40	-8.38	-8.46	-0.95%	-9.35	-9.24	1.18%
左边跨3/4处	57	-10.90	-10.90	0.00%	-10.10	-10.00	0.99%
4号墩墩顶	78	-9.15	-9.20	-0.55%	-6.45	-6.43	0.31%
中跨1/4处	112.5	-8.44	-8.50	-0.71%	-10.50	-10.50	0.00%
中跨跨中	148	-9.73	-9.72	0.10%	-8.40	-9.07	-7.98%
中跨3/4处	183.5	-10.10	-10.10	0.00%	-10.40	-10.40	0.00%
5号墩墩顶	218	-9.18	-9.22	-0.44%	-6.46	-6.44	0.31%
右边跨3/4处	239	-9.27	-9.34	-0.76%	-10.40	-10.30	0.96%
右边跨跨中	256	-7.37	-7.45	-1.09%	-10.60	-10.50	0.94%
右边跨1/4处	275	-6.53	-6.59	-0.92%	-8.35	-8.30	0.60%
右支点	295.3	-0.35	-0.35	0	-4.01	-4.01	0

三跨刚构桥成桥后十年主梁应力比较 表2-32

节点位置	主梁 x 坐标(m)	上缘应力(MPa)			下缘应力(MPa)		
		逐跨合龙	同时合龙	(①-②)/①	逐跨合龙	同时合龙	(①-②)/①
左支点	0.7	-0.35	-0.35	0.85%	-3.95	-3.96	-0.25%
左边跨1/4处	21	-8.27	-8.31	-0.48%	-7.78	-7.73	0.64%
左边跨跨中	40	-8.08	-8.15	-0.87%	-9.33	-9.22	1.18%
左边跨3/4处	57	-10.40	-10.50	-0.96%	-10.20	-10.10	0.98%
4号墩墩顶	78	-8.76	-8.81	-0.57%	-6.53	-6.51	0.31%
中跨1/4处	112.5	-8.04	-8.09	-0.62%	-10.30	-10.30	0.00%
中跨跨中	148	-9.65	-9.62	0.31%	-7.55	-8.30	-9.93%
中跨3/4处	183.5	-9.62	-9.68	-0.62%	-10.20	-10.20	0.00%
5号墩墩顶	218	-8.80	-8.84	-0.45%	-6.54	-6.52	0.31%
右边跨3/4处	239	-8.86	-8.92	-0.68%	-10.50	-10.40	0.95%

节点位置	主梁 x 坐标(m)	上缘应力(MPa)			下缘应力(MPa)		
		逐跨合龙	同时合龙	(①−②)/①	逐跨合龙	同时合龙	(①−②)/①
右边跨跨中	256	−7.10	−7.17	−0.99%	−10.60	−10.50	0.94%
右边跨1/4处	275	−6.41	−6.45	−0.62%	−8.14	−8.09	0.61%
右支点	295.3	−0.35	−0.35	−0.29%	−3.96	−3.96	0.00%

由图 2-34、图 2-35 和表 2-33、表 2-34 可以看出,该四跨刚构桥成桥三年后,主梁上缘在逐跨合龙时的最大应力为 −15.20MPa,在同时合龙时的最大应力为 −15.30MPa,两者差值为 0.10MPa,后者比前者大 0.66%;主梁下缘在逐跨合龙时的最大应力为 −15.10MPa,在同时合龙时的最大应力为 −14.30MPa,两者差值也为 0.80MPa,后者比前者小 5.30%。成桥十年后,主梁上缘在逐跨合龙时最大应力为 −14.80MPa,在同时合龙时的最大应力为 −15.00MPa,两者差值为 0.20MPa,后者比前者大 1.35%;主梁下缘在逐跨合龙时的最大应力为 −14.50MPa,在同时合龙时最大应力为 −13.90MPa,后者比前者小 4.14%。而且,成桥十年后,主梁截面无拉应力。由以上分析可知,四跨连续刚构在成桥阶段后不同的合龙顺序的收缩徐变效应对主梁应力基本没有影响。

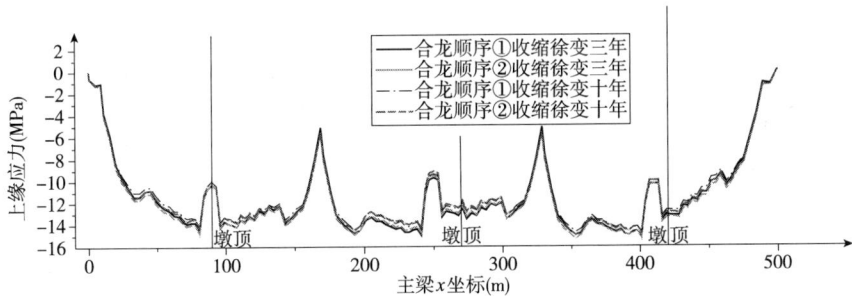

图 2-34　四跨刚构桥成桥后三年、十年主梁上缘应力

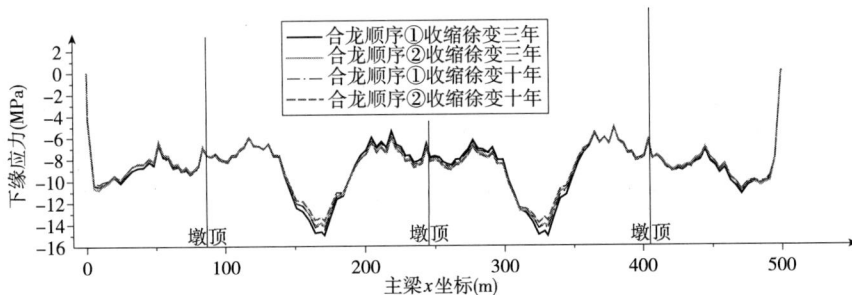

图 2-35　四跨刚构桥成桥后三年、十年主梁下缘应力

四跨刚构桥成桥后三年主梁应力比较　　　　　　　　　　表 2-33

节点位置	主梁 x 坐标(m)	上缘应力(MPa)			下缘应力(MPa)		
		逐跨合龙	同时合龙	(①-②)/①	逐跨合龙	同时合龙	(①-②)/①
左支点	0.6	−0.65	−0.63	2.62%	−4.25	−4.30	−1.18%
左边跨 1/4 处	24.4	−11.40	−11.70	−2.63%	−9.02	−8.66	3.99%
左边跨跨中	44.9	−12.50	−12.80	−2.40%	−7.83	−7.56	3.45%
左边跨 3/4 处	68.9	−14.60	−14.80	−1.37%	−8.64	−8.52	1.39%
1 号墩墩顶	89.9	−13.90	−13.90	0.00%	−8.15	−8.21	−0.74%
左中跨 1/4 处	131.4	−13.80	−14.00	−1.45%	−9.65	−9.45	2.07%
左中跨跨中	168.9	−13.10	−13.40	−2.29%	−11.70	−11.40	2.56%
左中跨 3/4 处	208.4	−14.20	−14.00	1.41%	−5.44	−5.84	−7.35%
2 号墩墩顶	249.9	−12.90	−12.70	1.55%	−8.57	−8.89	−3.73%
右中跨 1/4 处	291.4	−13.50	−13.50	0.00%	−10.00	−10.30	−3.00%
右边跨跨中	328.9	−13.20	−13.60	−3.03%	−11.70	−11.00	5.98%
右边跨 3/4 处	371.9	−14.50	−14.60	−0.69%	−5.10	−5.12	−0.39%
3 号墩墩顶	409.9	−13.20	−13.30	−0.76%	−9.18	−9.05	1.42%
右边跨 1/4 处	433.9	−11.10	−11.40	−2.70%	−7.21	−6.93	3.88%
右边跨跨中	454.9	−9.73	−10.10	−3.80%	−10.60	−10.20	3.77%
右边跨 3/4 处	479.9	−1.14	−1.32	−15.79%	−9.81	−10.10	−2.96%
右支点	499.2	0.00	0.00	0.00%	0.00	0.00	0.00%

四跨刚构桥成桥后十年主梁应力比较　　　　　　　　　　表 2-34

节点位置	主梁 x 坐标(m)	上缘应力(MPa)			下缘应力(MPa)		
		逐跨合龙	同时合龙	(①-②)/①	逐跨合龙	同时合龙	(①-②)/①
左支点	0.6	−0.65	−0.63	2.48%	−4.20	−4.25	−1.19%
左边跨 1/4 处	24.4	−11.00	−11.50	−4.55%	−9.00	−8.67	3.67%
左边跨跨中	44.9	−12.10	−12.40	−2.48%	−7.98	−7.71	3.38%
左边跨 3/4 处	68.9	−14.10	−14.30	−1.42%	−8.79	−8.67	1.37%
1 号墩墩顶	89.9	−13.40	−13.50	−0.75%	−8.23	−8.30	−0.85%
左中跨 1/4 处	131.4	−13.50	−13.70	−1.48%	−9.46	−9.33	1.37%
左中跨跨中	168.9	−12.80	−13.10	−2.34%	−11.40	−11.10	2.63%
左中跨 3/4 处	208.4	−13.70	−13.60	0.73%	−5.64	−6.02	−6.74%

节点位置	主梁 x 坐标(m)	上缘应力(MPa)			下缘应力(MPa)		
		逐跨合龙	同时合龙	(①-②)/①	逐跨合龙	同时合龙	(①-②)/①
2 号墩墩顶	249.9	-12.40	-12.20	1.61%	-8.75	-9.05	-3.43%
右中跨 1/4 处	291.4	-13.10	-13.10	0.00%	-10.00	-10.30	-3.00%
右边跨跨中	328.9	-12.90	-13.40	-3.88%	-11.30	-10.80	4.42%
右边跨 3/4 处	371.9	-14.10	-14.20	-0.71%	-5.15	-5.19	-0.78%
3 号墩墩顶	409.9	-12.70	-12.90	-1.57%	-9.32	-9.18	1.50%
右边跨 1/4 处	433.9	-10.70	-11.00	-2.80%	-7.36	-7.08	3.80%
右边跨跨中	454.9	-9.46	-9.87	-4.33%	-10.50	-10.20	2.86%
右边跨 3/4 处	479.9	-1.14	1.32	-15.79%	-9.58	-9.86	-2.92%
右支点	499.2	0.00	0.00	0.00%	0.00	0.00	0.00

由图 2-36、图 2-37 和表 2-35、表 2-36 可以看出,该六跨刚构桥在成桥三年后,主梁上缘在逐跨合龙时的最大应力为 -11.20MPa,在同时合龙的最大应力为 -11.30MPa,两者差值为 0.10MPa,后者比前者大 0.89%;主梁下缘在逐跨合龙时的最大应力为 -12.30MPa,在同时合龙的最大应力为 -12.10MPa,两者差值也为 0.20MPa,后者比前者大 1.63%。成桥十年后,主梁上缘在逐跨合龙时的最大应力为 -11.00MPa,在同时合龙的最大应力为 -11.10MPa,两者差值为 0.10MPa,后者比前者大 0.91%;主梁下缘在逐跨合龙时的最大应力为 -12.20MPa,在同时合龙的最大应力为 -12.00MPa,后者比前者小 1.64%,即 0.20MPa。而且,成桥十年后,主梁上下缘截面出现拉应力,最大值分别为 1.29MPa、0.16MPa。由以上分析可知,六跨刚构桥在成桥阶段后不同的合龙顺序的收缩徐变效应对主梁应力影响较小。

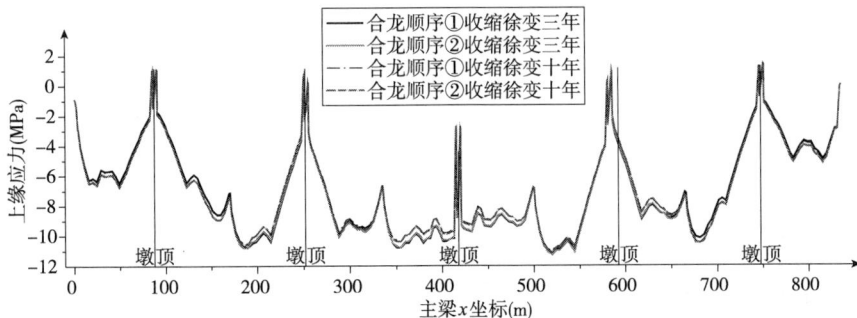

图 2-36　某六跨刚构桥成桥后三年、十年主梁上缘应力

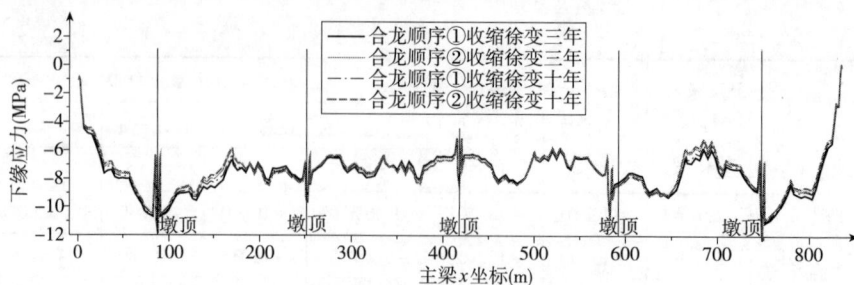

图 2-37　六跨刚构桥成桥后三年、十年后主梁下缘应力

六跨刚构桥成桥后三年主梁应力比较　　　　表 2-35

节点位置	主梁 x 坐标（m）	上缘应力（MPa）			下缘应力（MPa）		
		逐跨合龙	同时合龙	（①-②）/①	逐跨合龙	同时合龙	（①-②）/①
左支点	0.68	− 0.93	− 0.93	0.00%	− 1.05	− 1.05	0.00%
A 跨 1/4 处	22.68	− 6.35	− 6.61	− 4.09%	− 6.47	− 6.07	6.18%
A 跨跨中	44.68	− 6.01	− 6.28	− 4.49%	− 8.01	− 7.65	4.49%
A 跨 3/4 处	66.68	− 3.99	− 4.22	− 5.76%	− 9.49	− 9.24	2.63%
33 号墩墩顶	88.68	− 0.28	− 0.47	− 67.26%	− 11.9	− 11.7	1.68%
B 跨 1/4 处	129.93	− 5.93	− 6.26	− 5.56%	− 9.57	− 9.18	4.08%
B 跨跨中	171.18	− 8.32	− 8.56	− 2.88%	− 7.05	− 6.49	7.94%
B 跨 3/4 处	212.43	− 10.40	− 10.30	0.96%	− 7.28	− 7.44	− 2.20%
34 号墩墩顶	253.68	− 1.56	− 1.68	− 7.69%	− 9.71	− 9.62	0.93%
C 跨 1/4 处	294.93	− 9.12	− 9.28	− 1.75%	− 7.55	− 7.38	2.25%
C 跨跨中	336.18	− 8.04	− 8.10	− 0.75%	− 6.89	− 6.83	0.87%
C 跨 3/4 处	377.43	− 10.10	− 10.00	0.99%	− 8.01	− 8.14	− 1.62%
35 号墩墩顶	418.68	− 7.82	− 7.78	0.51%	− 8.32	− 8.36	− 0.48%
D 跨 1/4 处	459.93	− 8.73	− 8.67	0.69%	− 8.06	− 8.16	− 1.24%
D 跨跨中	501.18	− 8.19	− 8.21	− 0.24%	− 6.59	− 6.57	0.30%
D 跨 3/4 处	542.43	− 11.00	− 11.10	− 0.91%	− 6.48	− 6.39	1.39%
36 号墩墩顶	583.68	− 0.75	− 0.65	14.21%	− 10.6	− 10.6	0.00%
E 跨 1/4 处	624.93	− 8.09	− 8.00	1.11%	− 8.9	− 9.03	− 1.46%
E 跨跨中	666.18	− 8.28	− 8.57	− 3.50%	− 6.82	− 6.2	9.09%
E 跨 3/4 处	707.43	− 7.55	− 7.87	− 4.24%	− 7.79	− 7.43	4.62%
37 号墩墩顶	748.68	0.34	0.15	55.06%	− 12.3	− 12.1	1.63%
F 跨 1/4 处	770.68	− 2.94	− 3.16	− 7.48%	− 9.89	− 9.64	2.53%
F 跨跨中	792.68	− 3.72	− 4.00	− 7.53%	− 9.1	− 8.73	4.07%
F 跨 3/4 处	814.68	− 4.95	− 5.17	− 4.44%	− 6.52	− 6.18	5.21%
右支点	836.68	0.00	0.00	0.00%	0	0	0.00%

六跨刚构桥成桥后十年主梁应力比较

表 2-36

节点位置	主梁 x 坐标(m)	上缘应力(MPa)			下缘应力(MPa)		
		逐跨合龙	同时合龙	(①-②)/①	逐跨合龙	同时合龙	(①-②)/①
左支点	0.68	-0.92	-0.93	-0.43%	-1.04	-1.04	0.00%
A 跨 1/4 处	22.68	-6.41	-6.64	-3.59%	-6.19	-5.88	5.01%
A 跨跨中	44.68	-6.02	-6.27	-4.15%	-7.80	-7.51	3.72%
A 跨 3/4 处	66.68	-3.97	-4.19	-5.54%	-9.37	-9.16	2.24%
33 号墩墩顶	88.68	-0.27	-0.46	-70.00%	-11.80	-11.70	0.85%
B 跨 1/4 处	129.93	-5.96	-6.25	-4.87%	-9.32	-9.01	3.33%
B 跨跨中	171.18	-8.29	-8.51	-2.65%	-6.83	-6.36	6.88%
B 跨 3/4 处	212.43	-9.97	-9.95	0.20%	-7.51	-7.62	-1.46%
34 号墩墩顶	253.68	-1.47	-1.60	-8.84%	-9.65	-9.59	0.62%
C 跨 1/4 处	294.93	-8.96	-9.13	-1.90%	-7.39	-7.29	1.35%
C 跨跨中	336.18	-7.83	-7.91	-1.02%	-6.78	-6.79	-0.15%
C 跨 3/4 处	377.43	-9.54	-9.59	-0.52%	-8.30	-8.36	-0.72%
35 号墩墩顶	418.68	-7.36	-7.44	-1.09%	-8.49	-8.50	-0.12%
D 跨 1/4 处	459.93	-8.27	-8.31	-0.48%	-8.24	-8.30	-0.73%
D 跨跨中	501.18	-8.03	-8.06	-0.37%	-6.39	-6.45	-0.94%
D 跨 3/4 处	542.43	-10.70	-10.80	-0.93%	-6.42	-6.37	0.78%
36 号墩墩顶	583.68	-0.45	-0.43	4.88%	-10.70	-10.80	-0.93%
E 跨 1/4 处	624.93	-7.67	-7.67	0.00%	-9.13	-9.21	-0.88%
E 跨跨中	666.18	-8.24	-8.51	-3.28%	-6.60	-6.08	7.88%
E 跨 3/4 处	707.43	-7.55	-7.84	-3.84%	-7.57	-7.29	3.70%
37 号墩墩顶	748.68	0.34	0.16	53.85%	-12.20	-12.00	1.64%
F 跨 1/4 处	770.68	-2.93	-3.15	-7.51%	-9.76	-9.56	2.05%
F 跨跨中	792.68	-3.80	-4.04	-6.32%	-8.83	-8.55	3.17%
F 跨 3/4 处	814.68	-5.03	-5.22	-3.78%	-6.22	-5.97	4.02%
右支点	836.68	0.00	0.00	0.00%	0.00	0.00	0.00%

由图 2-38、图 2-39 和表 2-37、表 2-38 可以看出,某七跨刚构桥成桥三年后,主梁上缘在逐跨合龙时的最大应力为 −21.20MPa,在同时合龙时最大应力为 −21.30MPa,两者差值为 0.10MPa,后者比前者大 0.47%;主梁下缘在逐跨合龙时的最大应力为 −22.30MPa,在同时合龙时最大应力为 −22.10MPa,两者差值也为 0.20MPa,后者比前者大 0.90%。成桥十年后,主梁上缘在逐跨合龙时的最大应力为 −21.00MPa,在同时合龙时最大应力为 −21.10MPa,两者差值为 0.10MPa,后者比前者大 0.48%;主梁下缘在逐跨合龙时的最大应力为 −22.24MPa,在同时合龙时最大应力为 −22.06MPa,后者比前者小 0.81%,即 0.18MPa。而且,成桥十年后,主梁上下缘截面出现拉应力,最大值分别为 1.25MPa、0.26MPa。由以上分析可知,七跨刚构在成桥阶段后不同的合龙顺序对主梁应力影响较大。

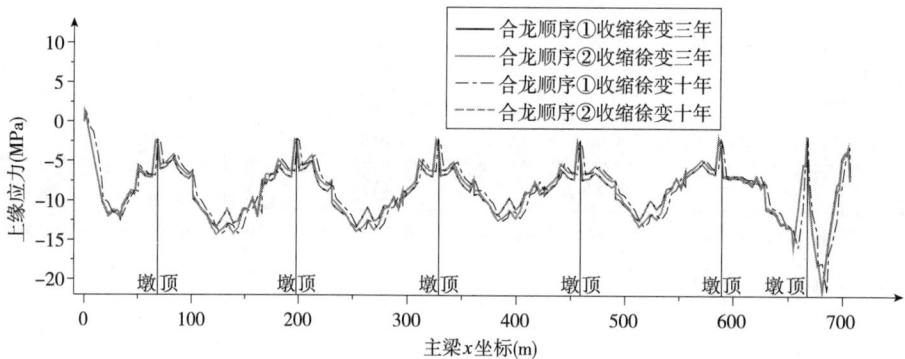

图 2-38　七跨刚构桥成桥后三年、十年主梁上缘应力

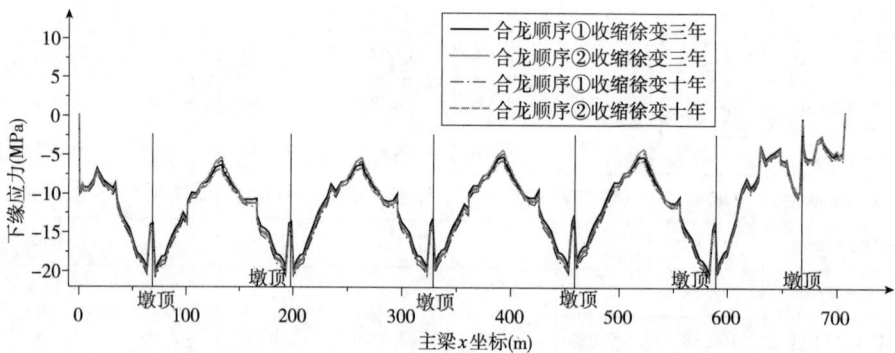

图 2-39　七跨刚构桥成桥后三年、十年后主梁下缘应力

七跨刚构桥成桥后三年主梁应力比较　　　表 2-37

节点位置	主梁 x 坐标（m）	上缘应力（MPa）			下缘应力（MPa）		
		逐跨合龙	同时合龙	（①－②）/①	逐跨合龙	同时合龙	（①－②）/①
左支点	0.6	－16.00	－9.78	38.88%	17.60	1.37	92.22%
A 跨 1/4 处	16.96	－7.62	－6.88	9.71%	－1.35	－10.00	－640.74%
A 跨跨中	33.92	－3.93	－8.82	－124.43%	－12.20	－12.40	－1.64%
A 跨 3/4 处	50.88	－6.43	－16.50	－156.61%	－11.00	－6.38	42.00%
39 号墩墩顶	68.44	－8.67	－14.00	－61.48%	－3.59	－2.76	23.12%
B 跨 1/4 处	100.94	－7.04	－13.50	－91.76%	－3.82	－6.66	－74.35%
B 跨跨中	133.44	－0.92	－6.57	－614.91%	－4.98	－11.10	－122.89%
B 跨 3/4 处	165.94	－3.50	－12.90	－268.57%	－9.95	－8.59	13.67%
40 号墩墩顶	198.44	－8.54	－13.80	－61.59%	－3.50	－2.93	16.29%
C 跨 1/4 处	230.94	－5.86	－10.70	－82.59%	－2.44	－8.15	－234.02%
C 跨跨中	263.44	－2.66	－6.47	－143.23%	0.06	－10.90	19 704.32%
C 跨 3/4 处	295.94	－4.32	－12.30	－184.72%	－7.54	－9.67	－28.25%
40 号墩墩顶	328.44	－7.34	－13.30	－81.20%	－4.51	－3.33	26.16%
D 跨 1/4 处	360.94	－5.57	－12.00	－115.44%	－4.42	－7.70	－74.21%
D 跨跨中	393.44	－1.89	－5.43	－187.30%	0.32	－9.66	3 090.71%
D 跨 3/4 处	425.94	－4.89	－11.80	－141.31%	－6.31	－9.26	－46.75%
41 号墩墩顶	458.44	－6.05	－12.80	－111.57%	－5.79	－3.70	36.10%
E 跨 1/4 处	490.94	－2.02	－9.78	－384.16%	－8.31	－8.07	2.89%
E 跨跨中	523.44	－0.59	－5.49	－836.86%	－2.67	－9.94	－272.28%
E 跨 3/4 处	555.94	－6.98	－15.10	－116.33%	－5.32	－6.19	－16.35%
42 号墩墩顶	588.44	－5.85	－13.70	－134.19%	－6.30	－3.29	47.78%
F 跨 1/4 处	608.315	－8.78	－12.90	－46.92%	－6.77	－7.27	－7.39%
F 跨跨中	628.19	－13.50	－7.50	44.44%	1.58	－7.75	590.51%
F 跨 3/4 处	648.065	－24.30	－5.58	77.04%	11.70	－13.30	213.68%
43 号墩墩顶	667.94	－18.00	－0.32	98.21%	7.10	－7.08	199.72%
G 跨 1/4 处	677.525	－28.50	－5.61	80.32%	9.56	－17.80	286.19%
G 跨跨中	687.11	－27.60	－3.49	87.36%	20.50	－14.70	171.71%
G 跨 3/4 处	696.695	－26.30	－5.18	80.30%	26.70	－7.56	128.31%
右支点	706.88	－0.97	－0.99	－2.06%	－6.31	－7.31	－15.85%

67

七跨刚构桥成桥后十年主梁应力比较 表 2-38

节点位置	主梁 x 坐标(m)	上缘应力(MPa)			下缘应力(MPa)		
		逐跨合龙	同时合龙	(①-②)/①	逐跨合龙	同时合龙	(①-②)/①
左支点	0.6	-18.70	-9.66	48.34%	23.70	1.16	95.11%
A 跨 1/4 处	16.96	-9.57	-7.00	26.85%	10.20	-7.50	173.53%
A 跨跨中	33.92	1.62	-9.07	659.88%	-15.70	-12.00	23.57%
A 跨 3/4 处	50.88	5.72	-16.70	391.96%	-22.90	-6.06	73.54%
39 号墩墩顶	68.44	-0.70	-14.40	-1 960.09%	-9.37	-2.36	74.81%
B 跨 1/4 处	100.94	-15.40	-13.70	11.04%	17.40	-6.28	136.09%
B 跨跨中	133.44	-33.10	-5.45	83.53%	56.90	-12.90	122.67%
B 跨 3/4 处	165.94	-3.32	-13.30	-300.60%	-1.24	-7.96	-541.94%
40 号墩墩顶	198.44	2.62	-14.30	645.80%	-12.10	-2.41	80.08%
C 跨 1/4 处	230.94	-9.39	-11.20	-19.28%	12.50	-7.49	159.92%
C 跨跨中	263.44	-32.20	-5.47	83.01%	59.70	-12.50	120.94%
C 跨 3/4 处	295.94	-5.68	-12.60	-121.83%	4.50	-9.15	303.33%
40 号墩墩顶	328.44	3.97	-13.80	447.61%	-13.00	-2.85	78.08%
D 跨 1/4 处	360.94	-8.95	-12.30	-37.43%	10.70	-7.13	166.64%
D 跨跨中	393.44	-31.30°	-4.42	85.88%	60.60	-11.20	118.48%
D 跨 3/4 处	425.94	-6.00	-12.10	-101.67%	5.69	-8.64	251.85%
41 号墩墩顶	458.44	7.96	-13.40	268.34%	-17.00	-3.16	81.41%
E 跨 1/4 处	490.94	-1.99	-10.20	-412.56%	1.57	-7.39	570.70%
E 跨跨中	523.44	-31.30	-4.38	86.01%	59.30	-11.60	119.56%
E 跨 3/4 处	555.94	-6.62	-15.40	-132.63%	3.16	-5.69	280.06%
42 号墩墩顶	588.44	6.85	-13.90	302.92%	-15.80	-3.13	80.19%
F 跨 1/4 处	608.315	-3.76	-13.20	-251.06%	-10.20	-6.99	31.47%
F 跨跨中	628.19	-23.60	-7.70	67.37%	15.90	-7.44	146.79%
F 跨 3/4 处	648.065	-48.30	-5.64	88.32%	42.60	-13.20	130.99%
43 号墩墩顶	667.94	-34.10	-0.44	98.70%	17.50	-6.92	139.54%
G 跨 1/4 处	677.525	-55.00	-5.58	89.85%	37.30	-17.80	147.72%
G 跨跨中	687.11	-59.10	-3.18	94.62%	64.50	-15.20	123.57%
G 跨 3/4 处	696.695	-56.20	-4.70	91.64%	73.90	-8.34	111.29%
右支点	706.88	-0.97	-0.99	-2.38%	-6.27	-7.31	-16.59%

2.5.2　不同合龙顺序收缩、徐变对主梁线形的影响

由图 2-40 和表 2-39 可以看出,某三跨刚构桥成桥三年后,在逐跨合龙时的最大竖向位移为 83.10mm,在同时合龙时的最大竖向位移为 84.34mm,在逐跨合龙时的最大竖向位移值比在同时合龙时的最大竖向位移在逐跨合龙时小 1.49%,发生在两侧的边跨合龙段处。成桥十年后,在逐跨合龙时的最大竖向位移为 84.02mm,在同时合龙时的最大竖向位移为 85.27mm,在逐跨合龙时的最大竖向位移值比在同时合龙时的最大竖向位移在逐跨合龙时小 1.49%。由以上分析可知,三跨连续刚构在成桥阶段后不同的合龙顺序对主梁线形基本没有影响。

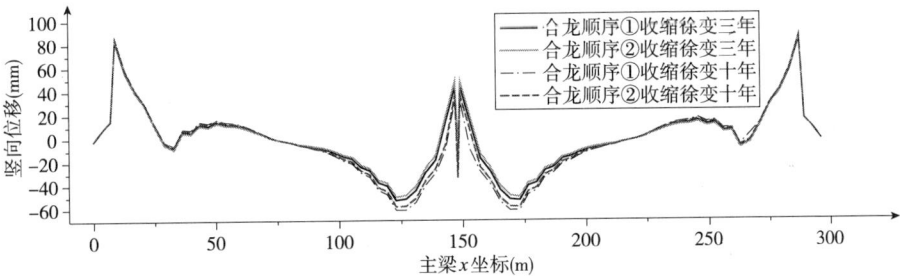

图 2-40　三跨刚构桥成桥后三年、十年主梁竖向位移

三跨刚构桥成桥三年、十年后主梁竖向位移比较　　　　表 2-39

节点位置	主梁 x 坐标(m)	成桥后三年竖向位移			成桥后十年竖向位移		
		逐跨合龙(mm)	同时合龙(mm)	(①-②)/①	逐跨合龙(mm)	同时合龙(mm)	(①-②)/①
左边跨 1/4	0.7	0.00	0.00	0.00%	0.00	0.00	0.00%
左边跨跨中	21	28.18	28.20	-0.06%	29.71	29.73	-0.07%
左边跨 3/4	40	5.06	4.09	19.22%	7.51	6.54	12.92%
4 号墩墩顶	60	10.53	9.78	7.14%	12.25	11.50	6.10%
中跨 1/4	78	-2.47	-2.48	-0.05%	-2.47	-2.47	-0.05%
中跨跨中	112.5	-27.61	-25.59	7.33%	-33.24	-31.24	6.03%
中跨 3/4	148	-12.23	-22.19	-81.41%	-24.18	-34.26	-41.70%
5 号墩墩顶	183.5	-27.63	-25.61	7.29%	-33.30	-31.30	5.99%
右边跨 3/4	218	-2.48	-2.48	-0.04%	-2.47	-2.47	-0.04%
右边跨跨中	236	10.57	9.82	7.11%	12.31	11.56	6.07%

节点位置	主梁 x 坐标(m)	成桥后三年竖向位移			成桥后十年竖向位移		
		逐跨合龙 (mm)	同时合龙 (mm)	(①-②)/①	逐跨合龙 (mm)	同时合龙 (mm)	(①-②)/①
右边跨 1/4	256	5.11	4.14	19.06%	7.61	6.64	12.77%
右支点	275	27.39	27.40	-0.05%	28.97	28.99	-0.06%
右支点	295.3	0.00	0.00	0.00%	0.00	0.00	0.00%

由图 2-41 和表 2-40 可以看出,某四跨刚构桥成桥三年后,在逐跨合龙时的最大竖向位移为 81.56mm,在同时合龙时的最大竖向位移为 72.81mm,在逐跨合龙时的最大竖向位移值比在同时合龙时的最大竖向位移在逐跨合龙时大 10.73%,发生在两中跨跨中的合龙段处。成桥十年后,在逐跨合龙时的最大竖向位移为 79.73mm,在同时合龙时的最大竖向位移为 70.98mm,在逐跨合龙时的最大竖向位移值比在同时合龙时的最大竖向位移在逐跨合龙时大 10.98%。由以上分析可知,四跨连续刚构在成桥阶段后不同的合龙顺序对主梁线形影响较小。

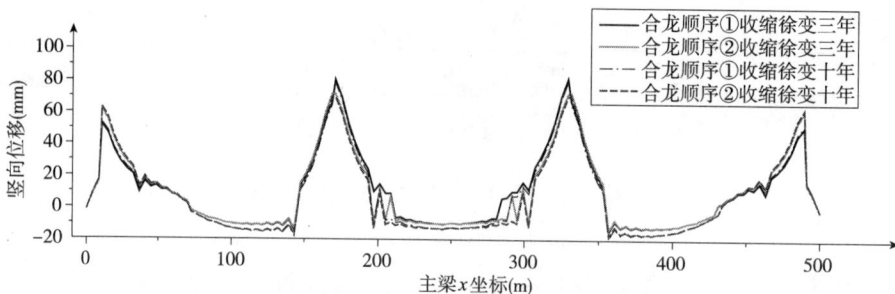

图 2-41　四跨刚构桥成桥后三年、十年主梁竖向位移

四跨刚构桥成桥三年、十年后主梁竖向位移比较　　表 2-40

节点位置	主梁 x 坐标(m)	成桥后三年竖向位移			成桥后十年竖向位移		
		逐跨合龙 (mm)	同时合龙 (mm)	(①-②)/①	逐跨合龙 (mm)	同时合龙 (mm)	(①-②)/①
左支点	12.6	0.00	0.00	0	0.00	0.00	0
左边跨 1/4	31.9	20.45	24.10	-17.83%	21.69	25.22	-16.26%
左边跨跨中	56.9	10.63	11.39	-7.08%	10.57	11.14	-5.38%
左边跨 3/4	80.9	-5.67	-5.65	0.27%	-7.40	-7.45	-0.80%
1 号墩墩顶	101.9	-10.57	-10.52	0.48%	-13.77	-13.66	0.80%

节点位置	主梁 x 坐标(m)	成桥后三年竖向位移			成桥后十年竖向位移		
		逐跨合龙(mm)	同时合龙(mm)	(①-②)/①	逐跨合龙(mm)	同时合龙(mm)	(①-②)/①
左中跨 1/4	143.4	-14.31	-13.45	6.03%	-18.22	-17.16	5.82%
左中跨跨中	180.9	52.71	45.34	13.99%	50.64	43.40	14.30%
左中跨 3/4	220.4	-7.63	-8.70	-13.96%	-10.75	-11.78	-9.55%
2 号墩墩顶	261.9	-9.41	-9.66	-2.59%	-12.19	-12.46	-2.21%
右中跨 1/4	303.4	11.37	-9.67	185.02%	8.96	-12.05	234.49%
右中跨跨中	340.9	41.07	43.97	-7.07%	38.38	41.40	-7.86%
右中跨 3/4	380.4	-12.73	-12.56	1.30%	-17.24	-16.93	1.82%
3 号墩墩顶	421.9	-5.66	-5.62	0.72%	-7.49	-7.54	-0.75%
右边跨 3/4	445.9	10.13	10.93	-7.87%	9.85	10.45	-6.15%
右边跨跨中	466.9	20.46	24.29	-18.74%	21.56	25.26	-17.17%
右边跨 1/4	491.9	16.06	15.27	4.89%	17.18	16.46	4.19%
右支点	511.2	0.00	0.00	0	0.00	0.00	0

由图 2-42 和表 2-41 可以看出,某六跨刚构桥成桥三年后,在逐跨合龙时的最大竖向位移为 -150.86mm,在同时合龙时的最大竖向位移为 248.13mm。成桥十年后,在逐跨合龙时的最大竖向位移为 -151.43mm,在同时合龙时的最大竖向位移为 -241.50mm,前者比后者小 37.30%。由上分析可知,在成桥后阶段不同的合龙顺序对主梁线形影响较大。

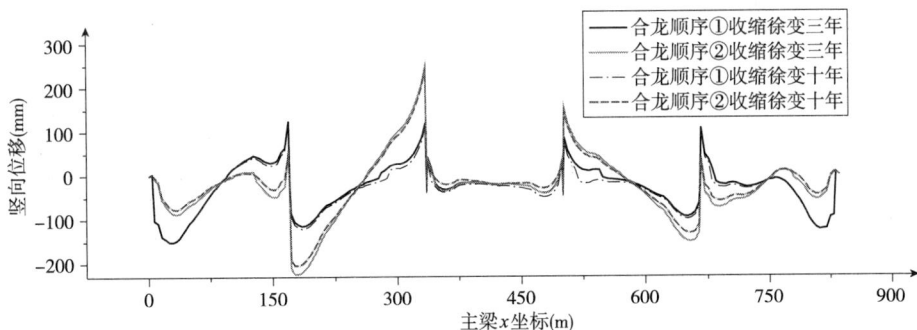

图 2-42 六跨刚构桥成桥后三年、十年主梁竖向位移

六跨刚构桥成桥三年、十年主梁竖向位移比较　　　　　　表 2-41

节点位置	主梁 x 坐标（m）	成桥后三年竖向位移			成桥后十年竖向位移		
		逐跨合龙（mm）	同时合龙（mm）	（①－②）/①	逐跨合龙（mm）	同时合龙（mm）	（①－②）/①
左支点	0.68	0.00	0.00	0.00%	0.00	0.00	0.00%
左边跨 1/4	22.68	－150.68	－79.75	47.07%	－151.33	－70.86	53.17%
左边跨跨中	44.68	－119.84	－74.21	38.07%	－120.05	－63.95	46.72%
左边跨 3/4	66.68	－64.14	－42.71	33.40%	－63.81	－36.23	43.23%
33 号墩墩顶	88.68	－13.18	－13.18	0.02%	－13.18	－13.18	0.02%
左次边跨 1/4	129.93	43.88	22.52	48.67%	39.16	25.74	34.26%
左次边跨跨中	171.18	－94.45	－185.10	－95.97%	－96.70	－190.22	－96.70%
左次边跨 3/4	212.43	－67.25	－126.12	－87.55%	－71.88	－115.10	－60.13%
34 号墩墩顶	253.68	－23.40	－23.41	－0.02%	－28.56	－26.91	5.76%
左中跨 1/4	294.93	44.87	79.93	－78.12%	14.88	82.50	－454.27%
左中跨跨中	336.18	42.31	37.03	12.48%	33.50	30.64	8.54%
左中跨 3/4	377.43	－18.72	－20.13	－7.56%	－23.28	－10.44	55.15%
35 号墩墩顶	418.68	－19.14	－19.16	－0.10%	－23.38	－22.04	5.77%
右中跨 1/4	459.93	－26.45	－26.40	0.17%	－33.36	－18.83	43.56%
右中跨跨中	501.18	86.48	153.74	－77.77%	75.58	145.73	－92.81%
右中跨 3/4	542.43	20.88	31.65	－51.52%	26.36	34.91	－32.41%
36 号墩墩顶	583.68	－16.92	－16.92	－0.04%	－20.63	－19:44	5.77%
右次边跨 1/4	624.93	－57.49	－91.91	－59.87%	－60.66	－79.35	－30.81%
右次边跨跨中	666.18	107.86	42.35	60.74%	100.86	36.24	64.07%
右次边跨 3/4	707.43	－29.20	－39.48	－35.21%	－24.73	－48.98	－98.02%
37 号墩墩顶	748.68	－13.36	－13.35	0.06%	－13.36	－13.35	0.06%
右边跨 3/4	770.68	－18.24	－9.02	50.54%	－17.37	－9.77	43.73%
右边跨跨中	792.68	－85.85	－36.25	57.77%	－85.36	－30.20	64.62%
右边跨 1/4	814.68	－123.50	－47.63	61.44%	－123.61	－39.47	68.07%
右支点	836.68	0.00	0.00	0.00%	0.00	0.00	0.00%

由图 2-43 和表 2-42 可以看出,某七跨刚构桥成桥三年后,在逐跨合龙时的最大竖向位移为 - 112.27mm,在同时合龙时的最大竖向位移为 - 145.19mm。前者比后者小 22.67%。成桥十年后,在逐跨合龙时的最大竖向位移为 - 129.78mm,在同时合龙时的最大竖向位移为 - 238.09mm。前者比后者小 49.69%。由以上分析可知,六跨连续刚构在成桥阶段后不同的合龙顺序对主梁线形影响较大。

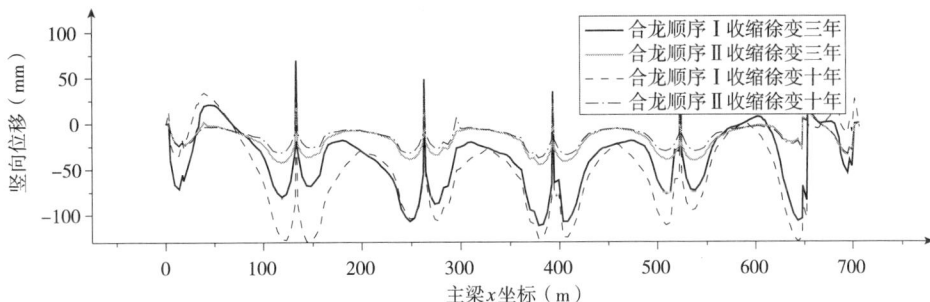

图 2-43　七跨刚构桥成桥后三年、十年主梁竖向位移

七跨刚构桥成桥三年、十年后主梁竖向位移比较　　　　　　　表 2-42

节点位置	主梁 x 坐标(m)	成桥后三年竖向位移			成桥后十年竖向位移		
		逐跨合龙(mm)	同时合龙(mm)	(①-②)/①	逐跨合龙(mm)	同时合龙(mm)	(①-②)/①
左支点	0.60	0.00	0.00	0.00%	0.00	0.00	0.00%
A 跨 1/4 处	16.96	- 55.48	- 19.12	65.53%	- 18.25	- 20.36	- 11.53%
A 跨跨中	33.92	- 4.00	- 7.32	- 82.87%	22.16	10.14	54.24%
A 跨 3/4 处	50.88	19.95	12.23	38.70%	24.75	13.53	45.34%
39 号墩墩顶	68.44	- 2.21	- 3.15	- 42.53%	- 4.26	- 7.23	- 69.81%
B 跨 1/4 处	100.94	- 37.67	- 24.20	35.77%	- 67.34	- 18.34	72.77%
B 跨跨中	133.44	69.62	24.66	64.58%	71.72	37.44	47.79%
B 跨 3/4 处	165.94	- 22.96	- 14.95	34.89%	- 73.63	- 10.33	85.97%
40 号墩墩顶	198.44	- 28.91	- 7.29	74.78%	- 30.29	- 7.10	76.57%
C 跨 1/4 处	230.94	- 60.55	- 18.25	69.86%	- 52.79	- 15.75	70.17%
C 跨跨中	263.44	48.67	29.50	39.39%	41.30	38.68	6.33%

节点位置	主梁 x 坐标（m）	成桥后三年竖向位移			成桥后十年竖向位移		
		逐跨合龙（mm）	同时合龙（mm）	（①－②）/①	逐跨合龙（mm）	同时合龙（mm）	（①－②）/①
C 跨 3/4 处	295.94	－ 26.95	－ 8.63	67.98%	－ 51.31	－ 12.52	75.60%
41 号墩墩顶	328.44	－ 27.18	－ 6.86	74.77%	－ 28.28	－ 6.69	76.35%
D 跨 1/4 处	360.94	－ 50.84	－ 18.87	62.89%	－ 62.09	－ 15.83	74.50%
D 跨跨中	393.44	34.70	21.85	37.02%	19.50	31.20	－ 59.96%
D 跨 3/4 处	425.94	－ 52.65	－ 18.58	64.72%	－ 68.29	－ 15.72	76.99%
42 号墩墩顶	458.44	－ 22.57	－ 5.81	74.25%	－ 23.32	－ 5.66	75.73%
E 跨 1/4 处	490.94	－ 32.56	－ 19.01	41.61%	－ 63.69	－ 14.91	76.59%
E 跨跨中	523.44	66.12	22.24	66.36%	37.05	34.58	6.67%
E 跨 3/4 处	563.69	－ 13.92	－ 14.49	－ 4.14%	－ 22.17	－ 10.53	52.49%
43 号墩墩顶	588.44	－ 3.47	－ 5.15	－ 48.49%	－ 4.08	－ 5.08	－ 24.44%
F 跨 1/4 处	608.32	2.84	3.47	－ 21.91%	－ 20.42	－ 5.06	75.22%
F 跨跨中	628.19	－ 61.06	－ 17.54	71.28%	－ 88.19	－ 19.76	77.59%
F 跨 3/4 处	648.07	－ 68.66	－ 65.53	4.55%	－ 89.09	4.13	104.63%
44 号墩墩顶	667.94	－ 2.17	－ 3.26	－ 50.23%	－ 4.31	－ 4.51	－ 4.64%
G 跨 1/4 处	677.53	3.13	5.01	－ 60.03%	9.71	10.27	－ 5.76%
G 跨跨中	687.11	－ 33.13	－ 25.48	23.07%	－ 5.23	－ 9.14	－ 74.92%
G 跨 3/4 处	696.70	－ 40.32	－ 26.89	33.31%	－ 32.17	－ 25.69	20.13%
右支点	706.28	0.00	0.00	0.00%	0.00	0.00	0.00%

2.5.3 不同合龙顺序收缩、徐变对桥墩受力的影响

对于预应力混凝土连续刚构桥，由于混凝土收缩、徐变的影响，成桥后相当一段时间内恒载内力状态和主梁线形状态会随时间变化，通常认为 5 年后才能基本稳定。成桥恒载状态应以混凝土收缩徐变基本完成的稳定状态为准，因此本文以成桥十年后的状态列出墩顶水平位移与弯矩，如表 2-43 ~ 表 2-46 所示。

其中符号依照 MIDAS/Civil 规定:位移以水平向右为正,水平向左为负;弯矩以绕 y 轴正方向产生顺时针为正,反之为负。

三跨刚构桥成桥后十年墩顶水平位移值和弯矩值　　　　表2-43

位置	墩顶水平位移值比较			墩顶弯矩值比较		
	逐跨合龙 （mm）	同时合龙 （mm）	(①－②)/①	逐跨合龙 （kN·m）	同时合龙 （kN·m）	(①－②)/①
4 号墩左侧墩顶	42.18	38.30	9.20%	－43 981	－39 494	10.20%
4 号墩右侧墩顶	38.39	34.52	10.08%	－42 821	－38 445	10.22%
5 号墩左侧墩顶	－38.51	－34.63	10.08%	42 777	34 057	20.39%
5 号墩右侧墩顶	－42.28	－38.40	9.18%	43 880	35 241	19.69%

四跨刚构桥成桥后十年墩顶水平位移值和弯矩值　　　　表2-44

位置	墩顶水平位移值比较			墩顶弯矩值比较		
	逐跨合龙 （mm）	同时合龙 （mm）	(①－②)/①	逐跨合龙 （kN·m）	同时合龙 （kN·m）	(①－②)/①
1 号墩左侧墩顶	58.67	50.46	13.99%	－32 174	－27 223	15.39%
1 号墩右侧墩顶	56.16	47.97	14.58%	－31 874	－26 949	15.45%
2 号墩左侧墩顶	－9.01	－7.99	11.32%	6 329	5 862	7.37%
2 号墩右侧墩顶	－11.56	－10.59	8.39%	6 772	6 513	3.82%
3 号墩左侧墩顶	－74.00	－62.79	15.15%	33 148	27 919	15.77%
3 号墩右侧墩顶	－76.5	－65.27	14.68%	33 254	28 001	15.80%

六跨刚构桥成桥后十年墩顶水平位移值和弯矩值　　　　表2-45

位置	墩顶水平位移值比较			墩顶弯矩值比较		
	逐跨合龙 （mm）	同时合龙 （mm）	(①－②)/①	逐跨合龙 （kN·m）	同时合龙 （kN·m）	(①－②)/①
33 号墩墩顶	－3.01	－1.83	39.20%	－100 992	－118 838	－17.67%
34 号墩墩顶	16.28	14.45	11.24%	－49 595	－50 474	－1.77%
35 号墩墩顶	－7.98	－7.17	10.15%	99 784	113 339	－13.58%

七跨刚构桥成桥后十年墩顶水平位移值和弯矩值 　　表 2-46

位置	墩顶水平位移值比较			墩顶弯矩值比较		
	逐跨合龙（mm）	同时合龙（mm）	(①－②)/①	逐跨合龙（kN·m）	同时合龙（kN·m）	(①－②)/①
40 号墩墩顶	76. 31	70. 28	7. 90%	－385 551	－30 042	92. 21%
41 号墩墩顶	23. 64	15. 88	32. 83%	－182 180	－30 616	83. 19%
42 号墩墩顶	－22. 55	－13. 40	40. 58%	121 037	90 373	25. 33%
43 号墩墩顶	－57. 26	－41. 41	27. 68%	225 545	197 338	12. 51%

由表 2-43 ~ 表 2-46 可以看出,成桥阶段后受系统温差效应的影响,该三跨刚构桥的墩顶水平位移逐跨合龙比同时合龙大,相差 9% ~11%,墩顶弯矩逐跨合龙也比同时合龙大,相差 10% ~21%;该四跨刚构桥的墩顶水平位移逐跨合龙比同时合龙大,相差 9% ~18%,墩顶弯矩逐跨合龙比同时合龙大,相差 8% ~16%;某六跨刚构桥的墩顶水平位移逐跨合龙比同时合龙大,相差 10% ~40%,墩顶弯矩逐跨合龙比同时合龙小,相差 1% ~18%;某七跨刚构桥的墩顶水平位移逐跨合龙比同时合龙大,相差 7% ~41%,墩顶弯矩逐跨合龙比同时合龙大,相差 12% ~93%。由以上得出,采用不同合龙方式时收缩徐变效应对墩顶水平位移、弯矩产生的变化有一定的影响,且随跨数的增加,这种影响会更大。

2.5.4　小结

本节介绍混凝土收缩、徐变的效应理论,对比分析了两种合龙方式下收缩、徐变效应,得到以下结论:

(1)多跨连续刚构桥最终结构的形成经历了复杂的体系转换过程,结构的应力也随之发生了较大的变化。

(2)对四座连续刚构桥在两种不同合龙顺序下的结果比较表明,成桥后的收缩徐变对成桥受力影响是显著的。采用不同合龙方式对墩顶水平位移、弯矩产生的变化有一定的差值,且随着跨数的增多,跨径的增长,这种差值会更大,如表 2-47 所示。

四座连续刚构桥主梁、墩顶最大差值比较   表 2-47

名称	跨数	主梁			桥墩	
		应力最大值的差值		竖向位移最大值的差值	墩顶水平位移最大差值	墩顶弯矩最大差值
		上缘	下缘			
三跨刚构桥	3	0	0.88%	9.18%	10.08%	20.39%
四跨刚构桥	4	1.35%	4.14%	10.98%	15.15%	15.80%
六跨刚构桥	6	0.91%	1.64%	37.30%	39.20%	−17.67%
七跨刚构桥	7	0.48%	0.81%	49.69%	40.58%	92.21%

由表 2-47 可以看出,成桥阶段后,四座刚构桥的主梁上下缘应力相差不大,都不足 5%。四座刚构桥主梁的竖向位移,差值最大的是七跨刚构桥,相差 49.69%,最小的是三跨刚构桥,相差 9.18%;桥墩的墩顶水平位移相差最大的是七跨刚构桥,相差 40.58%,相差最小的是三跨刚构桥,相差 10.08%;墩顶弯矩最大的是七跨刚构桥,相差 92.21%,相差最小的是四跨刚构桥,相差 15.80%;由以上数据分析,可以得出:多跨的连续刚构桥采用逐跨合龙与同时合龙两种不同的合龙方式时,会对主梁截面上下缘应力产生较小的影响,但对主梁线形的影响却较大;而且,随着跨数和跨径的增大,对于墩顶水平位移和墩顶弯矩,差值也随之增大。

(3)高墩大跨连续刚构桥,由于混凝土的收缩、徐变影响,将使主梁和桥墩产生较大的次内力和变形,这种次内力和变形与施工过程密切相关,并且会对结构受力和成桥线形产生较大的影响,设计和施工均应高度重视。

2.6 本章小结

本文以四座连续刚构桥为工程背景,建立有限元计算模型,对其进行仿真计算分析,并对合龙顶推力方案进行了优化研究,得到如下一些结论:

(1)计算比较了四座不同跨数的刚构桥施工阶段及成桥运营阶段在两种不同合龙方案下的结构内力和线形,得出:多跨的连续刚构桥采用逐跨合龙与同时合龙两种不同的合龙方式时,会对主梁截面上下缘应力产生较小的影响,但对主梁线形的影响却较大;而且,随着跨数和跨径的增大,这种现象会更加显著。

(2)对比分析了一次合龙方案与逐跨合龙方案的系统温差效应,分析结果表明,不同跨数连续刚构桥采用不同合龙方案时,系统温差会对结果内力和线形产生不同程度的影响,跨数越多,影响越大,而且,对于桥墩的墩顶水平位移和墩顶弯矩,两者差异更大。温度的变化对结构产生的影响是复杂的[31-32]。因此在大跨度桥梁的悬浇法施工中,应采取有效的方法克服其影响。

(3)对比分析了两种不同合龙方案下的混凝土收缩、徐变效应,一次合龙方案结构的徐变效应小于逐跨合龙方案,且跨数越多,两种合龙方案的徐变效应相差越大。

(4)先进行了预顶工艺必要性研究,然后提出合龙顶推力优化计算的影响矩阵法,并将影响矩阵法与二乘法相结合,采用 MATLAB,计算出能使成桥阶段的结构受力都逼近合理的顶推力方案。

第3章　一次合龙的施工技术

上一章开展了多跨一次合龙关键技术的计算,本章则从施工技术方案入手,详细讨论一次合龙关键技术的具体实施过程。

3.1　合龙段施工工艺流程

工艺流程见"合龙段施工工艺框图",详见图 3-1。

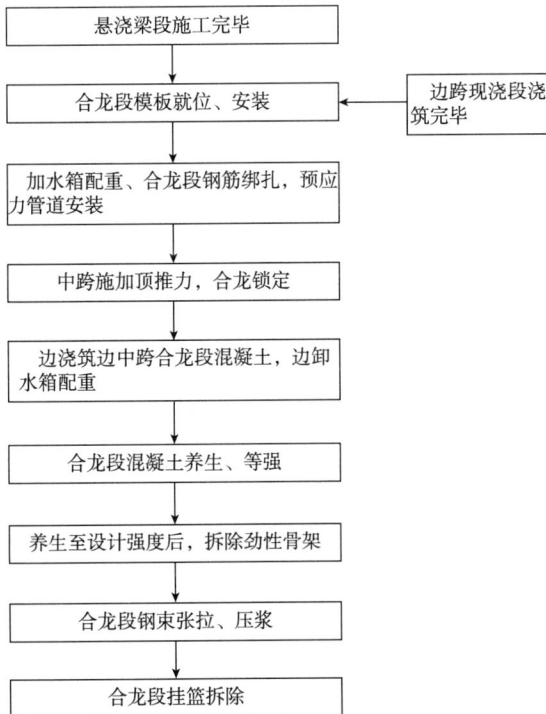

图 3-1　合龙段施工工艺框图

根据目前现场施工进度,合龙顺序按一次合龙考虑,边跨采用单端张拉,边跨现浇段底模设置滑动装置。整体施工顺序依据现场实际和设计要求,先左幅后右幅合龙。

合龙段采用挂篮施工,其施工步骤如下:

(1)边跨现浇段和箱梁节段悬浇施工完成后,前移挂篮模板至对侧节段,内模锚固于对面箱梁(或边跨现浇段)提前预留好的预留孔中,底、外模采用挂篮模板,因吊带影响造成的模板长度不足采用钢板临时焊接;

(2)绑扎钢筋,安装预应力孔道,在合龙段两侧施加与合龙段产生相同力矩的配重后焊接劲性骨架,其中 2 个中跨合龙段需施加顶推力后焊接劲性骨架连接锁定;

(3)选择当日最低温度时间浇筑边跨和中跨合龙段 19 号块,合龙段混凝土浇筑过程中,按新浇筑混凝土的重量按力矩平衡关系分级卸去平衡重(即分级放水),保证平衡施工;

(4)养生等强,待合龙段混凝土强度达到设计强度的 85% 后,拆除劲性骨架,待混凝土强度达到设计强度的 90% 后,张拉纵向和横向预应力筋;

(5)合龙段预应力筋张拉、压浆完成后,即可拆除挂篮。

3.2 合龙中配重的确定

3.2.1 配重的作用

配重按其作用可分为基本配重和附加配重。基本配重是指等量代换合龙段混凝土重量的配重;基本配重之外的即为附加配重,它用于适当调节梁体变形、高程及应力等因素。设置配重的主要作用[39-40]:

(1)在浇筑混凝土过程中保持合龙段两端不发生相对变位。在合龙段所浇筑混凝土重量的作用下,浇筑混凝土过程中会使悬臂端产生一定的下挠和偏转,这将使合龙段下缘尺寸变长、体积增大,可能使原先浇筑的底部混凝土局部开裂或松散,影响合龙段混凝土的浇筑质量。如果预先施加与合龙段混凝土等重量的配重,并在浇筑混凝土时等量同步释放该配重,那么合龙段两端就不会因为浇筑混凝土而产生相对变位,从而保证合龙段混凝土的浇筑质量。

(2)调整合龙段两端的高程。受多种因素影响,合龙段两端的高程可能与设计高程不完全吻合,这给预埋劲性骨架的焊接带来困难。利用悬臂端部附加配重,可将悬臂端的高程调整至期望程度。当然,出于对悬臂梁体强度的考虑,附加配重不能过大。

(3)调整成桥后期混凝土的徐变。基本配重在合龙段浇筑混凝土的同时随新浇混凝土数量的增加而同步逐渐卸除,附加配重则在达到规定强度后才能拆

80

除。由于合龙前后结构体系发生了转变,因此,附加配重的加载和卸载对桥梁结构影响是不能相互抵消的。据此可运用附加配重调整桥梁内力和后期徐变变形。图3-2分别表示合龙前施加附加配重、合龙后拆除附加配重的弯矩图及其叠加后的弯矩图。从图3-2可以看出,叠加后的内力全为负弯矩,即无论对中跨还是边跨,其作用都是使梁体上拱,这对减小成桥后由混凝土徐变引起的主梁跨中下挠很有利。从改善桥梁后期徐变的角度看,附加配重越大越好,但过大的附加配重会对悬臂结构的内力构成威胁。

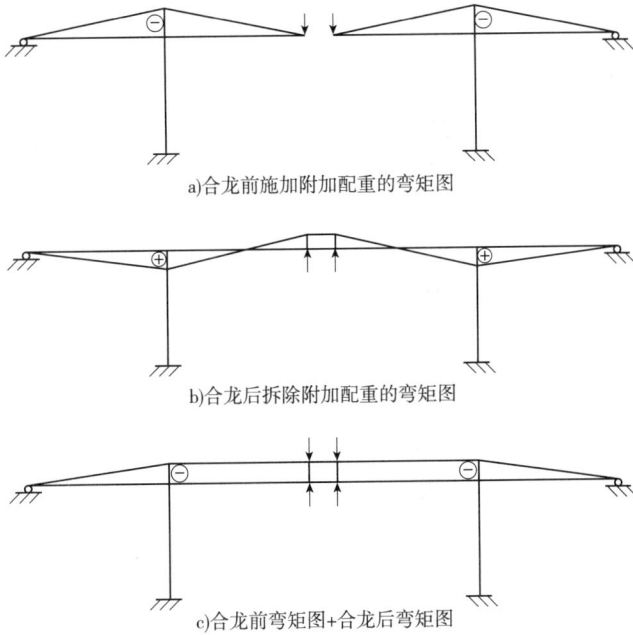

a)合龙前施加附加配重的弯矩图

b)合龙后拆除附加配重的弯矩图

c)合龙前弯矩图+合龙后弯矩图

图3-2 合龙前附加配重的弯矩图

3.2.2 配重的设置方法

配重的设置方法目前在土木工程行业内能够得到一个统一的观点,下面将就配重形式选择、时间选择、位置选择三方面进行阐述。

1)配重形式的选择

配重一般采用钢护筒盛水的形式。钢护筒比较轻盈,容易满足低附加配重的要求,且不易漏水,即使漏水也易于修补。用水作为基本配重,装卸都很方便且容易控制,这一点在浇筑混凝土释放配重时更显优越。对于附加配重,也可采用砂袋等重物,由于这部分配重在合龙后拆除,因此也是可行的。值得注意的

81

是,浇筑配重是指可适时变化的那部分重量,比如蓄水法,水箱和其他设备的重量是不能与浇筑混凝土同步卸除的,不应算在配重之列。

2)配重的时间选择

配重施加的时间,也有两种,其一是在悬臂时施加,另外一种方法是在合龙段劲性骨架连接后施加。骨架连接后的桥梁已经有连续结构的特征。在连接后的施加配重,将引起骨架内力。相反悬臂时施加,劲性骨架连接后将处于零内力状态(顶推内力储备除外)。大部分施工人员认为,先行施加配重工期短,结构稳定,利于卸载后合龙主梁的预应力储备,是较理想的施工工序。

3)配重位置的选择

从配重对悬臂挠度作用的效果不难看出,配重加在悬臂端部最好。因此,除预留必要的施工操作空间外,配重在纵桥向应尽量靠近悬臂前端;在横桥向,为了保持箱梁横向平衡而不至于发生侧向倾斜和扭转,配重应沿横桥向均衡布置。另外,边跨配重与中跨配重一般应同时同步施加,这是因为:

(1)仅在边跨单独先施加配重会使单 T 结构的桥墩承受较大的不平衡力矩及翘挠变形,对已成 T 构受力不利。而且由于边跨合龙后结构发生了体系转换,即使在中跨侧再施加等量配重,这种不平衡力矩也不能完全消除。图 3-3a)表示边、中跨同时施加配重的弯矩图,图 3-3d)表示边、中跨各自单独施加配重的总弯矩图。从图 3-3 可见,a)与 d)存在很大差异。

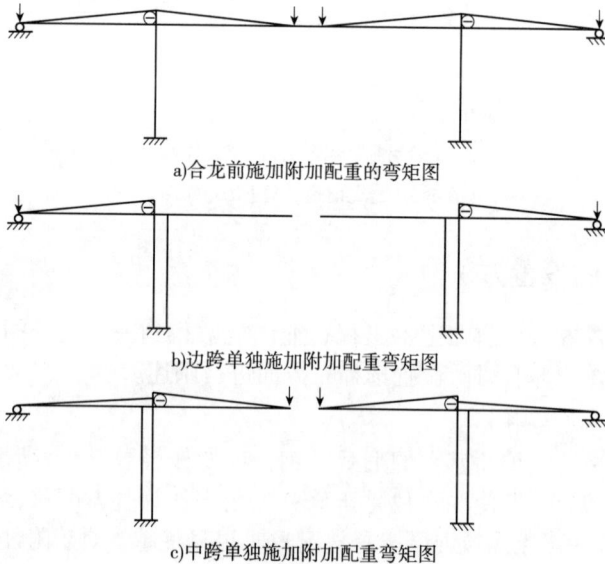

a)合龙前施加附加配重的弯矩图

b)边跨单独施加附加配重弯矩图

c)中跨单独施加附加配重弯矩图

图 3-3

82

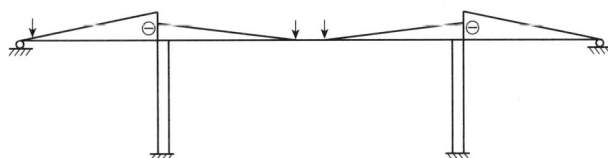

d)边、中跨单独施加配重总矩图[d) = b)+c)]

图3-3　边、中跨不同位置施加配重的弯矩图

（2）如果边跨单独施加配重，在边跨合龙后，中跨的配重会在边跨产生附加内力。

（3）边跨单独施加配重会使悬臂梁发生较大偏转，造成另一跨悬臂端的高程发生较大变化，使预先设计的配重无法正常施加。

（4）各跨同时同步施加配重，有利于在边跨合龙后尽快地合龙中跨，使合龙这个较不利的工况能尽早完成。因此，无论是从安全角度还是从质量角度，边跨和中跨同时施加配重是非常必要的。

3.2.3　配重大小的选择

目前，配重大小选择普遍认可的方法有四种。

1）等重量配重法

为保证合龙段施工时，使合龙段两端悬臂梁始终处于平衡状态，浇筑之前在各悬臂端部施加与混凝土重量相等的配重（压重），加卸载对称于梁轴线进行。其优点是：①容易计算；②施工技术人员容易掌握。其缺点是：①加载位置不明确；②与其他两种方法相比，对合龙段两端引起的扰动最大。

2）等弯矩配重法[41-43]

通过几座连续刚构桥的合龙控制，总结实际工作经验，提出相对"等重量配重法"更合理、更实用的"等弯矩配重法"，即悬臂端部吊架所受的力对墩顶的弯矩等于配重对墩顶的弯矩。其优点是：①容易计算，施工技术人员容易掌握；②加载位置明确。其缺点是：对合龙段两端引起的扰动值介于三种方法之间。

3）等位移配重[15]

基本配重的实质就是不使合龙段两端悬臂在浇筑合龙段混凝土时发生位移。根据结构力学的基本知识，"等重量配重法"和"等弯矩配重法"都无法从理论上完美地实现控制合龙段两端不发生扰动，则在此提出更加完美的"等位移配重法"的概念。"等位移配重法"就是在浇筑合龙段混凝土时保持合龙段两端不发生扰动，通过理论计算确定配重数量及位置。其优点是：①严格控制了合龙段两端的扰动；②加载位置明确。其缺点是：不易计算。

4)合龙段原材料配重

因为从配重施加到配重全部释放这段时间内,必须一直保持现有配重量是现需配重量的高精度控制过程,是个动态平衡过程。为了达到配重物能与合龙段浇筑混凝土同步等量释放,笔者认为可以把计算好的合龙段浇筑所需混凝土配料当作我们所需要的配重,均分放在合龙段两端,由于合龙段所需材料不多,可以在现场拌和混凝土现浇。这样应该能更好地保证配重释放量与浇筑量同步等量,待合龙段浇筑完毕,配重也同时释放完毕。但这一方法的实际操作性不知可否,尚待考证。这一方法的优点是:能保证释放配重与浇筑混凝土同步等量,缺点是:施工不方便。

3.2.4 配重的释放

配重释放时要注意的要点有:①均衡对称,尤其是基本配重的释放,浇筑多少混凝土就应同步释放多重的基本配重,以保证浇筑混凝土过程中结构不产生变形。这一点非常重要,应引起足够重视。②释放配重必须和浇筑混凝土同步等量,这一点如果做不到,则之前的配重大小计算得再精确也没用,配重施加到配重全部释放这段时间内是个动态平衡过程,必须一直保持现有配重量是现需配重量的高精度控制过程。

3.3 合龙温度的影响及选择

3.3.1 环境温度对合龙段的影响

温度的不同和温度的变化将对桥梁结构的性能产生很大的影响。自然环境中的桥梁结构受大气温度变化的作用,如太阳辐射、夜间降温、寒流、风、雨、雪等各种气象因素的作用。这些因素一年四季海天日出日落都会发生变化。一般在每年的7、8月份出现最高气温,并且在每天的12~15时出现最大值,它的极值总是在无云、无风、干燥的高气压的日子里出现。而最低气温一般每年的1、2月份的夜间出现。混凝土结构中温度变化,与相应结构的方位、表面朝向有关系。结构的水平表面最高温度发生在中午太阳辐射最强烈时刻之后,约在14时左右出现。同时,在向阳面与背阳面之间,发生最大温差。例如箱梁结构的顶、底板之间会出现最大温差分布。由混凝土的热物理性质可知,混凝土的导热系数很小,仅为$1.86 \sim 3.49 W/(m \cdot ℃)$,约为黑色金属的1/27。因此,在外表面温度急变的情况下,存在明显的滞后现象,故在同一时间内,通过单位厚度的热量也小得多,导致每层混凝土所得到的热量(或扩散热量)有较大差异,从而在混凝土结构中,形成沿板厚度方向的不均匀温度状态。根据实测资料分析,一般沿厚度方向温差分布为一指数曲线。结构形状对温度分布也有明显的影响,在箱形桥梁结构中,沿顶板表面的温度分布比较均匀。

3.3.2 温度模式的选择

通常,温度对结构的影响属三维热传导问题,结构内任一点的温度 T_i 是结构三维方向及时间的函数 $T_i(x,y,z)$。一般桥梁结构为一个狭长的形状,沿其长度方向温度变化是一致的,所以按桥梁横向与竖向,三维热传导问题可以简化为一维热传导问题来分析。同样,温度场的确定可简化为沿桥梁横向或沿桥梁竖向的温度梯度形式。对梯度温度作用,各国桥梁设计规范中考虑的有所不同。为了对比各国梯度温度模式的合理性,分析箱梁在不同梯度温度作用下的效应,将其定义成不同的工况,如表3-1所示。

<table>
<tr><td colspan="5" align="center">梯度温度工况   表3-1</td></tr>
<tr><td>工况</td><td>规范</td><td>简称</td><td>特征 T 取值</td><td>备注</td></tr>
<tr><td>1</td><td>中国公路桥规</td><td>JTG D60—2004</td><td>$T_1 = 25℃$
$T_2 = 6.7℃$</td><td>混凝土铺装</td></tr>
<tr><td>2</td><td>中国铁路桥规</td><td>TB 10002.3—2005</td><td>20℃</td><td>正温度梯度</td></tr>
<tr><td>3</td><td>中国公路桥规</td><td>JTJ 023—85</td><td>5℃</td><td>—</td></tr>
<tr><td rowspan="2">4</td><td rowspan="2">英国桥规</td><td rowspan="2">BS—5400</td><td>13.5℃</td><td>正温度梯度</td></tr>
<tr><td>8.4℃</td><td>负温度梯度</td></tr>
<tr><td>5</td><td>新西兰桥规</td><td>—</td><td>32℃</td><td>计算至顶板上缘的温度为18℃</td></tr>
<tr><td>6</td><td>澳大利亚桥规</td><td>—</td><td>$T_1 = 24℃$
$T_2 = 6℃$</td><td>—</td></tr>
</table>

表3-1中列出了各国规范对设计中梯度温度作用的不同规定。由于旧《桥规》(JTJ 023—85)中规定的梯度温度模式与日本道路桥梁设计规范中的一致,新《桥规》(JTG D60—2004)中规定的梯度温度模式与美国 AASHTO 规范的一致,因此只考虑新、旧《桥规》,不再单独计算美国和日本规范。

3.3.3 合龙温度的确定

由于连续刚构桥为超静定结构,有若干处墩梁固结,当合龙温度较高时,降温引起的次内力较大,其影响还与混凝土收缩的影响相同,两者叠加将产生较大的次内力。所以一般不宜在温度变化较大和高温时进行合龙浇筑,原则上应选在一天中最低温度时施工,使之在混凝土早期结硬过程中处于升温的受压状态,减少温度变化对合龙段混凝土的影响。在严寒地区冬季施工时,最低温度施工并非一定可行。考虑到混凝土的正常凝结条件,桥梁施工规范要求:浇筑混凝土时的最低大气温度(环境温度)不应低于5℃。另外,通常要求合龙锁定装置固定后,进行浇筑混凝土,而锁定连接时间应选梁体处于最低温度时,此时环境温度不一定最低。为了有利于结构的受力,减少年温差作用下的温度应力,使结构体系升温和降温的幅度相同,一般取最低气温和最高气温的平均值作为设计合龙温度。因此合龙温度的确定要根据不同地区的气温实际波动情况而变化。

根据《公路桥涵设计通用规范》(JTG D60—2004)规定,混凝土结构一般按当地月平均最高和最低气温为年温度的变化。当地气温一般取一月份的平均气温作为最低气温,取七月份的平均气温作为最高气温。均匀的温度变化幅度与桥梁所在地区的自然条件,结构的材料,截面形状和尺寸等因素有关系,它应以结构合龙时的温度为初始值,计算分最高计算温度和最低计算温度两种情况,即温度变化有升温和降温两种情况,来分析合理合龙温度的确定。

3.4 合龙中的劲性骨架

3.4.1 合龙段的劲性骨架

劲性骨架也称临时锁定机构,在合龙段浇筑之前,用以瞬时改变桥梁体系,使主梁形成受力连续的结构。在合龙段混凝土未形成强度之前,它承受由两端箱梁传来的内力。合龙预应力束张拉完毕后,将其拆除(体外骨架)。

劲性骨架是多跨 PC 梁桥必设的工艺结构。它使浇筑过程中两端梁体位置保持相对稳定,保证结构的安全和合龙浇筑混凝土质量。常见的设置形式有箱梁体内、体外、综合设置等三类[44]。其中,体内骨架直接与箱梁内主筋焊接预埋。体外骨架则通过预埋在箱梁顶板顶面、底板顶面的钢板与箱梁连接,如图 3-4、图 3-5 所示。

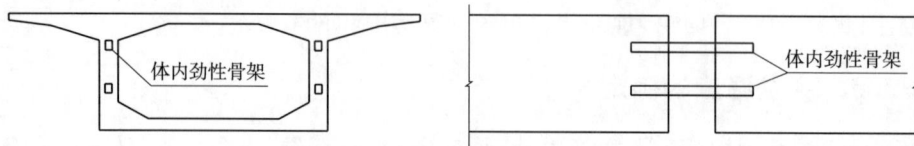

图 3-4　体内劲性骨架设置示意图

体内骨架受腹板厚度限制,杆件截面尺寸不能太大,同时由于杆件预埋位置与竖向预应力管道干涉,上下杆件间不方便设置斜杆。传递剪力的能力较低,整体性差。杆件为箱形截面时,需往内压浆使其密实。

体外骨架则避开了钢筋及预应力管道,杆件截面不受限制,预埋钢板与骨架的连接方便。为了使骨架有良好的传力性能,可以在两骨架杆件间设置竖向、水平方向撑架(图3-5、图3-6)。在骨架内力有可能较大时,选择体外劲性骨架锁定的方法是较可靠的,尤其是有顶推工艺的桥梁合龙段。

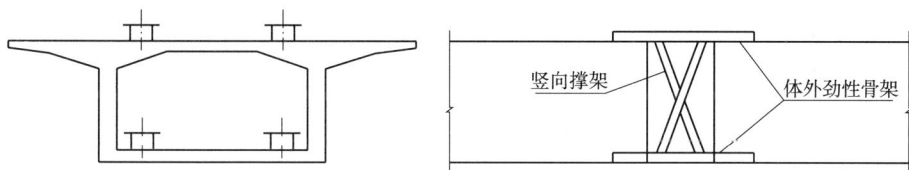

图 3-5 体外劲性骨架设置示意图

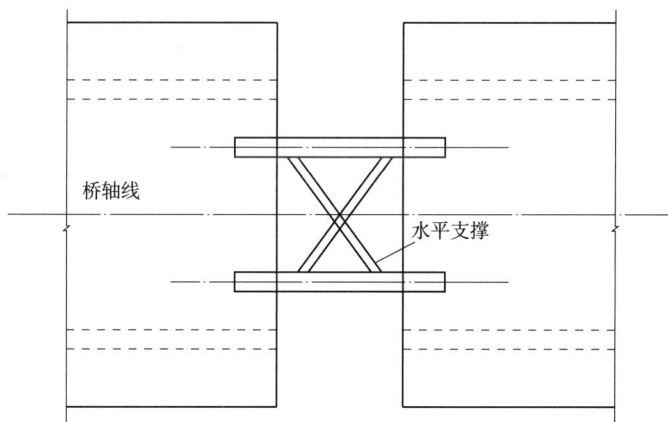

图 3-6 体外骨架水平撑架布置示意图

劲性骨架的内力来源于以下方面:气温变化;已浇筑混凝土的收缩;施工荷载在主梁上产生的内力;由风、雨等产生的主梁内力。需说明的是,在桥梁建造和设计中,常将劲性骨架所受的轴力分作两部分:压力由骨架承受,拉力则由另行设置的临时预应力索承受,形成既撑顶又拉紧的格局,保证钢骨架压应变不至释放过大。

3.4.2 劲性骨架的作用

合龙段是连续刚构桥的关键部位,起着连接各 T 构的作用,应该采取一些

"特殊"的工程措施,劲性骨架就是施工措施之一。劲性钢骨架的埋设位置、构造形式及焊接质量是合龙施工中的关键控制内容,它直接影响以后的合龙质量。劲性骨架的作用是使合龙段混凝土在养护期间或多或少帮助或者替代混凝土承受桥梁结构在此处可能产生的拉力、压力、弯矩、剪力和扭矩等受力和变形,以保证合龙段混凝土在凝结硬化过程中尽可能排除外界环境等因素的影响,确保浇筑混凝土的质量;劲性骨架的设置,使桥梁合龙后合龙段的刚度和强度增大,从而可以保证合龙质量和增加桥梁的整体性。一方面,抵抗合龙段养护期间所受的外界挠动。合龙段混凝土在养护期间强度很低,其抵抗外力和变形的能力都很差。如果合龙段混凝土在达到规定强度前承受过大的外力或变形则会松散或开裂,从而影响混凝土外观质量和力学性能。另一方面,在设计上,考虑到劲性骨架可以增强两个悬臂端的连接性能,以确保结构的安全及可靠性。从施工要求来考虑,因为合龙段只有底板永久预应力束而没有顶板永久预应力束,在顶板仅有一对临时束,因此可以填补其空白。劲性骨架是一个大型的型钢构件,因为钢材的弹性模量大,其抗拉压(主要是抗拉)刚度就大,并且劲性骨架设有强大的剪力撑,由此形成的空间钢桁架具有较大的抵抗弯矩、剪力、扭矩的强度和刚度,牢固地连接着两个悬臂段。这样,通过合龙段两个悬臂就能很好地形成一个整体,保证连接过程中两悬臂端不会产生明显的变形差。

3.4.3 劲性骨架的设置

从抗拉压角度来讲,合龙段劲性骨架的构造形式采用任何截面形式都是可行的,但劲性骨架还有抗弯和抗剪的要求,因此"工"字形截面和"["形截面更好。在实际施工中,多采用将两块"["钢对拼成闭合的"口"形截面,这样可以增加骨架的抗扭能力。合龙段的劲性骨架按支撑方式可分为以下三种。

(1)内刚性支撑法:就是指劲性骨架是埋置于梁体混凝土内的,俗称体内式。内刚性支撑法的优点是劲性骨架在混凝土中,不接触外界环境,不易受到腐蚀,从桥梁的外观上看比较好,且设置方便。缺点是施工时,由于劲性骨架多埋置在箱梁的四个倒角附近,因此倒角部位的钢筋放置很不方便;而且由于骨架及剪力撑的影响,箱梁现浇混凝土不易振捣密实;骨架在腹板倒角处,焊接工作操作面狭小,质量不易保证。

(2)外刚性支撑法:是指劲性骨架设置于梁体混凝土外,俗称体外式,它通过反力座与梁体相连接。体外式是在箱梁顶板、底板表面预埋钢板,将骨架用刚度较大的型钢焊接或栓接在预埋钢板上,成桥后便可将骨架切割移除。体外式的优点是施工方便,无论是劲性骨架的预埋、骨架的焊接、普通钢筋的放置还是混凝土的振捣,都明显优于体内式。缺点是骨架设置在体外,成桥阶段劲性骨架容易被腐蚀破坏,影响桥梁视觉效果;传递弯矩和轴力的性能差,比体内式骨架的用钢量大。

(3)刚性支撑和张拉临时束共同锁定法:是指劲性骨架焊接后紧接着张拉临时束,使劲性骨架预先承受压力,而临时束预先承受拉力。这种方式能保证合龙段在升降温情况下的施工质量,在合龙段混凝土养护过程中,劲性骨架和临时束可以一起抵抗外界因素引起的外力及变形。由于外界因素作用,当合龙段需要承受压力时,可由劲性骨架先承受;当合龙段需要承受拉力时,就由临时束承受,众多的优点使得这种方法得到广泛的应用。

3.4.4　劲性骨架最小截面的确定

劲性骨架的最小截面的确定应考虑到在施工时劲性骨架在施工荷载及温差作用下的刚度、强度和稳定性的变化。为了设计和施工上的方便,中跨合龙段和边跨合龙段的劲性骨架通常采用相同的尺寸。因此,不同情况下应分别以受力最不利的中跨或边跨合龙段作为控制设计截面。

首先进行如下基本假设:

(1)不考虑合龙施工期间混凝土的收缩徐变;

(2)混凝土与钢材均处于弹性工作阶段;

(3)忽略微小的桥梁纵坡影响。

从力学性能方面考虑,要求劲性骨架焊接后在温差作用下,尽可能混凝土的抗拉、压应变值大于骨架伸长、缩短量。尽量使混凝土在养护期间不产生扰动,从而保证混凝土施工质量。

3.5　连续刚构桥顶推合龙工艺

3.5.1　顶推的意义

合龙段是悬浇筑施工连续刚构桥梁的关键部位,其施工也是连续刚构桥梁施工的关键工序,悬臂浇筑施工预应力连续刚构桥其中最重要的环节合龙。由于连续刚构桥是超静定结构,昼夜温差的影响、新浇筑混凝土的早期收缩、徐变均要在结构中产生变形,从而对结构产生次生内力。对于桥墩较矮的连续刚构桥,或一联中主墩刚度相差较大,或者是在非设计温度下合龙,均会引起墩身发生位移造成偏位,产生次应力。为了调整墩身的受力状态,使其满足使用阶段桥梁因混凝土收缩、徐变、降温等荷载对墩顶内力的要求,顶推是指在劲性骨架锁定前,利用千斤顶等设备使悬臂梁段向外侧移动一段距离,然后连接骨架以储存一定压力、变位于结构的操作。顶推工艺的主要目的是为了调整桥墩受力状态,以满足运营阶段桥梁体系降温和收缩徐变等荷载对墩顶应力的要求。

连续刚构桥合龙后,桥梁体系发生转换,底板预应力束张拉、后期混凝土收缩徐变与降温效应相组合将使两主墩之间主梁缩短、墩顶向跨中方向发生纵向水平位移,导致墩顶、墩底产生较大的附加弯矩,主梁及桥墩结构内部产生拉应力,对结构将造成危害,尤其对矮墩或大跨、多跨结构更是如此[44-46]。

三跨连续刚构常用的调整方法是边跨合龙加卸载和中跨合龙顶推,前者通过调整桥墩的轴力来改善正应力,后者通过调整弯矩达到改善正应力的目的。由于顶推的效果更明显,操作简单,现被广泛采用。

以何家坝大桥为例,不顶推与顶推后桥梁的变形图分别见图3-7、图3-8。

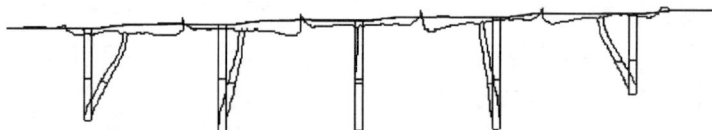

图 3-7　不顶推长期收缩、徐变后变形图

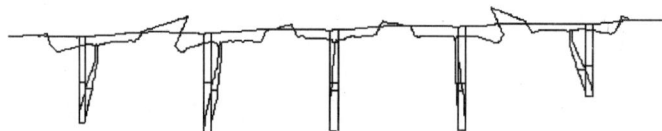

图 3-8　施加顶推后长期收缩、徐变后变形图

3.5.2　顶推工艺的三要素

顶推工艺包含三个要素:顶推机构、顶推时机和顶推力大小。由于千斤顶的尺寸及行程有限,需要设置适当的传力机构,将顶力传至已浇筑梁段;为保证顶推效果,顶推时箱梁的荷载状况、大气温度等需作考虑;选择适当的推力值、控制桥墩水平偏移量也是必要的。

合龙顶推机构常与临时锁定骨架(劲性骨架)配合应用,锁定骨架在顶推完成后,保持顶力。拆除后,将顶力转为合龙段内向压力。顶推的传力杆件,可在腹板内预埋,千斤顶置于合龙口内施力。也可在合龙口一侧的悬臂段上预埋顶座机构,将千斤顶设置于主梁顶板或底板上,顶推体外骨架[47],如图3-9、图3-10所示。

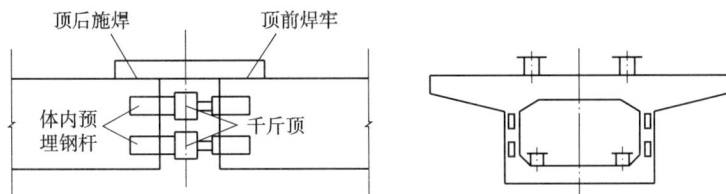

图 3-9　合龙口内顶推机构设置示意图

传力杆设置在合龙口内,预埋杆件容易,千斤顶正对腹板,操作较方便。但有预埋杆与竖向预应力管道、千斤顶与钢筋干涉等问题,增加了顶后的施工工作量,不利于锁定后的快速浇筑。

传力杆直接采用体外骨架的做法,减少了另行预埋构件工序,同时操纵顶推方便,缺点是顶推力与骨架主梁间的连接焊缝有偏心,对焊缝受力不利。

多个刚构跨的桥梁,确定在哪一跨进行顶推需经过计算确定。

顶推的时机是顶推作业时桥梁所处的荷载状态和外界气温条件。为了使合龙锁定到浇筑的时间尽量短,一般在实施顶推时,合龙段的模板、钢筋等均已施工完毕,只待锁定后将模板牢固固定在悬臂梁上,并施焊连接合龙段纵向钢筋与一端悬臂梁段的纵向筋(其另一端已经连接)。顶推时的梁体温度应选最低,以防体系降温抵消顶推位移,且顶推时机应计及混凝土浇筑时间需要。

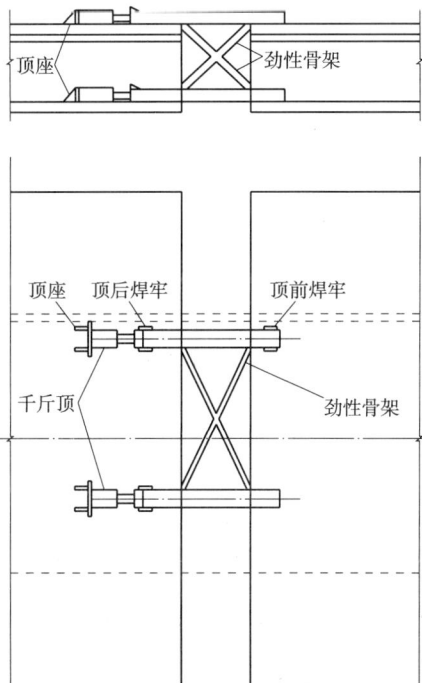

图 3-10　合龙口外顶推机构设置示意图

顶推力大小的确定,需考虑刚构墩的抗推刚度和连续梁处墩顶支座的摩阻力,以及运营过程中的荷载组合情况[48-49]。预顶力太小[50-51],对改善结构受力作用不大,太大则又有可能会使桥墩产生过大的偏位甚至开裂,因此有必要计算出能使施工阶段及成桥运营阶段的结构受力都逼近合理的预顶力。具体计算方法将在下节详述。

3.5.3 顶推力大小的计算

连续刚构桥合龙顺序的不同导致结构体系变化不同。例如三跨连续刚构桥,若先合龙中跨再合龙边跨,则被顶推结构为静定 T 构,若先合龙边跨后合龙中跨,则中跨合龙时被顶推结构则为超静定结构,跨数增多则超静定次数可能会随着增加。随着超静定次数的增加,顶推力的计算过程就更烦琐。下面介绍两种常用的顶推力计算方法。

1)解析法

下面以三跨连续刚构桥为例[52]。

(1)先合龙边跨后合龙中跨,则中跨合龙时顶推结构可近视为一次超静定结构(双薄壁墩两墩有 6 个约束,故其实为 4 次超静定)。若顶推力为 P,由于梁截面为变截面,则顶推力 P 所在位置未必与墩顶梁截面中性轴等高度,故顶推力在墩顶还会产生一个附加弯矩为 Pe,e 为顶推力 P 与墩顶截面中性轴的竖直距离。在施加顶推力时,左右两边结构是相互独立的,故可以单独分析一个"T"构。结构计算图及其基本结构如图 3-11 所示。F_1 为顶推时边跨支座产生的水平方向的摩擦力。

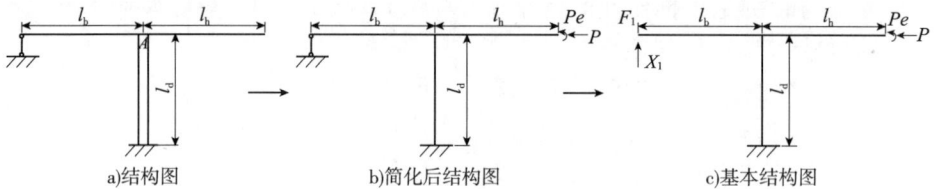

图 3-11　结构计算示意图

计悬臂梁中各分段的某梁段平均截面面积为 A_i,长为 l_i,单侧悬长为 l_h(有:$\sum_{i=1}^{n} l_i = l_h$),边跨合龙后边跨计算长度 l_b,墩高 l_d,A_d 为双薄壁墩的截面面积,E_c 为混凝土的弹性模量,I_d 为双薄壁墩的截面抗弯惯性矩,I_i 为箱梁截面 A_i 的抗弯惯性矩,根据结构力学原理,力法典型方程为:

$$\delta_{11} X_1 + \Delta_{1P} = 0 \tag{3-1}$$

当考虑结构的连续变截面、变刚度时,式中系数、自由项系数表达式分别为:

$$\delta_{11} = \sum \int \frac{\overline{M_1}^2}{EI} ds + \int \frac{\overline{N_1}^2}{EA} ds = -\frac{l_d l_b^2}{E_c I_d} + \frac{1}{E_c} \int_0^{l_b} \frac{\overline{M(s)}^2}{I_i} ds + \frac{l_d}{E_c A_d} \tag{3-2}$$

$$\Delta_{1P} = \sum \int \frac{\overline{M_1} M_P}{EI} ds = -\frac{l_d l_b}{2 E_c I_d} [2Pe + (P - F_1) l_d] \tag{3-3}$$

解出式(典型方程)中 X_i,即为连续刚构桥边墩支座的竖向反力:

$$X_1 = -\frac{\Delta_{1P}}{\delta_{11}} = \frac{A_d l_d l_b [2Pe + (P - F_1)l_d]}{2A_d l_d l_b{}^2 + 2A_d I_d \int_0^{l_b} \frac{\overline{M(s)}^2}{I_i} ds + 2l_d I_d} \tag{3-4}$$

根据叠加法可以由式(3-5)求得计算模型在 P 以及偏心距 Pe 作用下的弯矩:

$$M = \overline{M_1} X_1 + M_P \tag{3-5}$$

超静定结构在外力作用下的内力和位移与基本结构在荷载和多余未知力共同作用下的内力和位移是等效的。因此,A 点的水平位移可用求基本结构在顶推力 P 以及附加偏心距 Pe 与多余未知力共同作用下的位移来代替,墩顶 A 点水平位移为:

$$\Delta_{AX} = \sum \int \frac{M \overline{M_1}}{EI} ds = \frac{1}{4E_{d1}I_{d1}}[2Pe + (P - F_1)l_{d1}]l_{d1}{}^2 - \frac{1}{2E_{d1}I_{d1}}l_{b1}l_{d1}{}^2 X_1 \tag{3-6}$$

同理可得在荷载 P 作用下,另一墩墩顶 B 点的水平位移为:

$$\Delta_{BX} = \sum \int \frac{M \overline{M_1}}{EI} ds = \frac{1}{4E_{d2}I_{d2}}[2Pe + (P - F_1)l_{d2}]l_{d2}{}^2 - \frac{1}{2E_{d2}I_{d2}}l_{b2}l_{d2}^2 X_1 \tag{3-7}$$

又因墩顶 A、B 之间的相对位移为 $\Delta_{AB} = \Delta_{AX} + \Delta_{BX}$,由式(3-6)、式(3-7)可得连续刚构桥合龙顶推力与墩顶 A、B 之间的相对位移关系:

$$\Delta_{AB} = \Delta_{AX} + \Delta_{BX} = \frac{1}{4E_{d1}I_{d1}}[2Pe + (P - F_1)l_{d1}]l_{d1}{}^2 -$$
$$\frac{1}{2E_{d1}I_{d1}}l_{b1}l_{d1}^2 X_1 + \frac{1}{4E_{d2}I_{d2}}[2Pe + (P - F_1)l_{d2}]l_{d2}^2 - \tag{3-8a}$$
$$\frac{1}{2E_{d2}I_{d2}}l_{b2}l_{d2}{}^2 X_1$$

由于现阶段同一座桥梁的桥墩设计参数相同,故上式可简化为:

$$\Delta_{AB} = \Delta_{AX} + \Delta_{BX} = \frac{1}{2E_d I_d}[2Pe + (P - F_1)l_d]l_d^2 - \frac{1}{E_d I_d}l_b l_d^2 X_1 \tag{3-8b}$$

由式(3-4)和式(3-8)即可解出 Δ_{AB}。

(2)先合龙中跨后合龙边跨,则当中跨合龙时边跨尚处于最大悬臂状态。而在施加顶推力未焊接劲性骨架时,两墩"T 构"为两个相互独立的结构体系,同理取一个"T"构进行计算,结构体系计算模式如图 3-12 所示,此为一可简化为静定结构的超静定结构,用结构静力学方法可以求解,此不再赘述[53]。

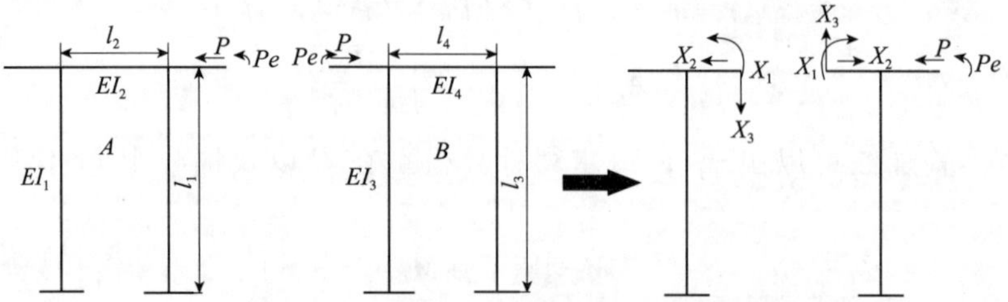

a)结构图　　　　　　　　　　　　　　　　　b)基本结构图

图 3-12　静定"T"构计算示意图

经分析可知其 A、B 点顺桥向位移分别为[54]:

$$|\Delta_{AX}| = \sum \int \frac{M \overline{M_A}}{EI} ds = \left[l_1^2 e_1 + \frac{l_1^3}{6} - \frac{I_2 l_1^3 (3l_1 + 6e)}{4I_1 l_2 + 24I_2 l_1} - \frac{e_1(2I_1 l_1^2 l_2 + I_2 l_1^3)}{4I_2 l_1 + 8I_1 l_2} \right] P / (EI_1)$$

$$|\Delta_{BX}| = \sum \int \frac{M \overline{M_B}}{EI} ds = \left[\frac{l_3^2 e_2}{2} + \frac{l_3^3}{6} - \frac{I_4 l_3^3 (3l_3 + 6e_2)}{4I_3 l_4 + 24I_4 l_3} - \right.$$
$$\left. e_2 (2I_3 l_3^2 l_4 + I_4 l_3^3) / (4I_4 l_3 + 8I_3 l_4) \right] P / (EI_3)$$

式中:l_1、l_3——两墩的净高;

　　　l_2、l_4——双薄壁墩双肢中心间距;

　　　I_1、I_3——两桥墩各自薄壁墩的惯性矩;

　　　I_2、I_4——两薄壁墩各自之间梁体(0 号块)的惯性矩;

　　　e_1、e_2——分别为两作用力 P 到 0 号块截面中性轴竖向距离。

而两墩顶相对位移为:$\Delta_{AB} = \Delta_{AX} + \Delta_{BX}$,显而易见,由此即可求解。但由于连续刚构桥的 0 号块刚度比墩的刚度大得多。当相对于桥墩,将 0 号块的刚度看作无穷大时,可把 T 构视为静定结构。现阶段已设计后正在设计的同类同座桥梁结构中的桥墩截面形式均相同,只是墩高不同,故有水平顶推位移与顶推力关系为:

$$\Delta_{AB} = \frac{l_{d1}^3 + l_{d2}^3}{24EI_d} P \tag{3-9}$$

式中:Δ_{AB}——墩顶水平位移;

　　　l_{d1}、l_{d2}——均为墩高;

　　　EI_d——墩抗弯刚度。

2)有限元法

大跨连续刚构桥梁体都是变截面梁,截面几何参数是变值,双薄壁墩连续刚构桥几乎都是超静定结构,如上最简单的 T 构其实也是 3 次超静定结构,实际结构往往是多次超静定,故其手算工作量比较大,我们可以利用有限元软件模拟计算。

在模型中合龙顶推处模拟施加单位顶推力,所求节点 i 得到相应纵向水平位移 δ_{11},若所需顶推量为 Δ_i,则所需顶推力计算公式为

$$P_i = \frac{\Delta_i}{\delta_i} \tag{3-10}$$

此方法由于计算简单,精度较高,能满足实际工程精度要求,故实际工程顶推力计算常采用此种方法。此方法的具体应用将在后面的章节中详细叙述,在此不举例叙述。

3.5.4　顶推力的优化

对于连续刚构桥梁,工程上可采用在合龙段的刚性支撑固结前对合龙段梁端施加水平顶推力来达到使墩顶预偏的目的,以部分抵消由于底板预应力张拉、后期混凝土收缩徐变以及降温等引起的墩顶向跨中的偏移量,改善主梁及桥墩的受力及线形状态。但是由于地形地质的因素桥梁并不完全对称,尤其是对多跨(3 跨以上)连续刚构桥梁,必然存在一组顶推力,它能使连续刚构运营期的线形和受力逼近最合理状态。本文拟采用影响矩阵法对顶推力进行优化计算。

1)影响矩阵法基本原理和方法

(1)控制方程

假设连续刚构桥受力处于线弹性状态,则可建立如下线性方程组:

$$A\Delta T = \Delta R \tag{3-11}$$

式中:ΔT——待求的顶推力调整量;

　　ΔR——控制目标需调整的量;

　　A——顶推力调整对控制目标的影响矩阵。

如果上述线性方程组中的未知量个数与方程个数相等且影响矩阵 A 非奇异,则该方程有唯一解。但这样得到的结果往往顾此失彼,虽然指定的控制目标准确满足了要求,但由于待调整的顶推力数量有限,可能导致未被指定的成桥状态物理量出现异常。因此,必须增加控制目标数,可以把所有起控制作用的物理量均作为控制目标,使方程组成为一个矛盾方程组。

(2)最小二乘法

在控制方程的控制目标 ΔR 中加入各种可能起控制作用的物理量,使得该

方程组中方程个数超过待求顶推力的个数,从而成为一个矛盾方程组,可求其最小二乘解,亦即使

$$Q = \| \boldsymbol{A}\boldsymbol{\Delta T} - \boldsymbol{\Delta R} \|^2 = \sum_{i=1}^{m} \left(\Delta R_i - \sum_{j=1}^{n} a_{ij}\Delta T_j \right)^2$$

取最小值。根据极值原理,满足 Q 最小的 ΔT_k 必须满足:

$$\frac{\partial Q}{\partial \Delta T_k} = 2 \sum_{i=1}^{m} \left[\left(\Delta R_i - \sum_{j=1}^{n} a_{ij} \cdot \Delta T_i \right) \cdot (-a_{ik}) \right] = 0$$

上式也可写成

$$\sum_{j=1}^{n} \left[\sum_{i=1}^{m} (a_{ik}a_{ij}) \cdot \Delta T_j \right] = \sum_{i=1}^{m} a_{ik} \cdot \Delta R_i$$

写成矩阵的形式:

$$\boldsymbol{A}^{\mathrm{T}}\boldsymbol{A}\boldsymbol{\Delta T} = \boldsymbol{A}^{\mathrm{T}}\boldsymbol{\Delta R}$$

上式是 n 个未知量 n 个方程的线性方程组,由上式解出 $\boldsymbol{\Delta T}$ 后,即可得到调整后的控制目标值:$\boldsymbol{R} = \boldsymbol{R}_0 + \boldsymbol{A}\boldsymbol{\Delta T}$,其中,$\boldsymbol{R}_0$ 为控制目标在调整前的值。

2)控制目标的选取

对于连续刚构桥,控制目标通常可取为主梁和主墩的位移、弯矩、应力等。通过前面计算可知,合龙段施工时施加水平顶推力对主梁受力影响较小,但对主墩的墩顶水平位移和受力却影响极大,施加水平顶推力其实质就是为了部分抵消由于底板预应力束张拉、后期混凝土收缩徐变以及降温效应等因素引起的水平位移对墩顶的影响,改善桥墩受力,从而改善结构受力。因此,本文主要是以主墩的墩顶水平位移和应力为控制目标。

本文为计算方便,模型取墩顶水平位移为控制目标,水平顶推力为控制变量,主墩控制截面应力为约束条件。

3)成桥状态主墩顶推力优化

(1)李家坝三跨连续刚构桥顶推力优化

为了便于计算比较该三跨刚构桥逐跨合龙与同时合龙时顶推力大小,用有限元程序 MIDAS/Civil 计算出成桥时在合龙时不施加顶推力的情况下,主墩墩顶的水平位移(以水平向右为正),具体值见表3-2。可以认为墩顶没有偏位时,桥墩处于轴心受压状态,桥墩的受力最优,为此可以在两种合龙方式的合龙段施工时施加一定的顶推力使四个主墩分别产生 $-11.550\,\mathrm{mm}$,$-9.464\,\mathrm{mm}$,$9.457\,\mathrm{mm}$,$11.540\,\mathrm{mm}$;$-15.968\,\mathrm{mm}$,$-13.855\,\mathrm{mm}$,$13.851\,\mathrm{mm}$,$15.959\,\mathrm{mm}$ 的水平位移,即可取逐跨合龙时 $\boldsymbol{R} = \begin{bmatrix} -11.550 & -9.464 & 9.457 & 11.540 \end{bmatrix}^{\mathrm{T}}$ 和同时合龙时 $\boldsymbol{R} = \begin{bmatrix} -15.968 & -13.855 & 13.851 & 15.959 \end{bmatrix}^{\mathrm{T}}$。

李家坝三跨刚构桥成桥墩顶水平位移(单位:mm)　表3-2

合龙方式	4 号墩左侧墩顶	4 号墩右侧墩顶	5 号墩左侧墩顶	5 号墩右侧墩顶
逐跨合龙	11.550	9.464	− 9.457	− 11.540
同时合龙	15.968	13.855	− 13.851	− 15.959

影响矩阵 A 可按如下步骤求得:本文取 1 000kN 为一个单位力,分别求出每个单位顶推力作用下成桥时的主墩墩顶水平位移改变量,即为 R 的元素,再由 MATLAB 可求出顶推力对墩顶水平位移的影响矩阵为 $A = \begin{bmatrix} -4 & -7 & 7.6 & 4.1 \end{bmatrix}^T$,它是 4×1 的常数矩阵。由于本文只取墩顶水平位移为控制目标,则加权矩阵 ρ 可取为对角线元素都为 1 的正定对角矩阵。

把 A、R 代入式(3 − 11)中,由 MATLAB 可解出逐跨合龙为 $\Delta T = \{2\ 305.40\}$ 和 $\Delta T = \{1\ 609.90\}$,即顶推力最优解分别为 2 305.40kN、1 609.90kN。

考虑到施工条件的因素,取顶推力 2 310kN、1 610kN。为了证明结论的正确性,将所求得的顶推力代入程序重新计算,计算求得成桥墩顶水平位移及应力结果见表3-3。

李家坝三跨刚构桥施加顶推力后的成桥墩顶水平位移及应力　表3-3

位置	墩顶水平位移(mm)		墩顶左缘应力(MPa)		墩顶右缘应力(MPa)	
	逐跨合龙	同时合龙	逐跨合龙	同时合龙	逐跨合龙	同时合龙
4 号墩左侧墩顶	2.37	2.22	− 2.50	− 2.56	− 2.40	− 2.25
4 号墩右侧墩顶	0.28	0.15	− 2.34	− 2.48	− 3.05	− 3.00
5 号墩左侧墩顶	− 0.36	− 0.20	− 3.05	− 2.99	− 2.36	− 2.49
5 号墩右侧墩顶	− 2.46	− 2.28	− 2.39	− 2.25	− 2.51	− 2.57

由表3-3 计算结果表明,逐跨合龙时施加 2 310kN 的水平顶推力,同时合龙时施加1 610kN 的水平顶推力,成桥时的墩顶水平位移都不到3mm,最大值仅为 − 2.46mm;主墩均受压,且受力均匀,最大压应力 3.05MPa,最小压应力 2.25MPa,而且无拉应力,都在设计允许范围内。主墩受力满足了要求。

(2)汉江大桥四跨连续刚构桥顶推力优化

该刚构桥的墩顶水平位移如表3-4 所示。可以在两种合龙方式的合龙段施工时施加一定的顶推力使四个主墩分别产生 − 10.499mm, − 9.249mm, 0.816mm, 2.123mm, 12.026mm, 13.280mm; − 14.996mm, − 13.686mm, − 1.219mm, 2.520mm, 18.227mm, 19.541mm 的水平位移,即可取逐跨合龙时: $\Delta R = \begin{bmatrix} -10.499 & -9.249 & 0.816 & 2.123 & 12.026 & 13.280 \end{bmatrix}^T$。

同时合龙时: $\Delta R = \begin{bmatrix} -14.996 & -13.686 & 1.219 & 2.520 & 18.227 & 19.451 \end{bmatrix}^T$。

汉江大桥四跨刚构桥成桥墩顶水平位移(单位:mm) 表3-4

合龙方式	1号墩左侧墩顶	1号墩右侧墩顶	2号墩左侧墩顶	2号墩右侧墩顶	3号墩左侧墩顶	3号墩右侧墩顶
逐跨合龙	10.499	9.249	−0.816	−2.123	−12.0	−13.3
同时合龙	14.996	13.686	−1.219	−2.520	−18.2	−19.5

影响矩阵 A 可按如下步骤求得:本文取1 000kN为一个单位力,分别求出每个单位顶推力作用下成桥时的主墩墩顶水平位移改变量,即为 $\{R\}$ 的元素,然后,由 MATLAB 可求出 $A = \begin{bmatrix} -8.5 & -9.7 & 0.6 & -0.6 & 0 & 0 \\ 0 & 0 & 0.7 & -0.7 & 14 & 13.4 \end{bmatrix}^T$,为顶推力对墩顶水平位移的影响矩阵,它是 6×2 的常数矩阵。由于本文只取墩顶水平位移为控制目标,则加权矩阵 ρ 可取为对角线元素都为1的正定对角矩阵。

求得分跨顶推力1 480kN和1 550kN及同时合龙时顶推力1 000kN,将所求得的顶推力代入程序重新计算,得到以下成桥墩顶水平位移及应力结果数据,如表3-5所示。

汉江大桥四跨刚构桥施加顶推力后的成桥墩顶水平位移及应力 表3-5

位置	墩顶水平位移(mm)		墩顶左缘应力(MPa)		墩顶右缘应力(MPa)	
	逐跨合龙	同时合龙	逐跨合龙	同时合龙	逐跨合龙	同时合龙
1号墩左侧墩顶	0.07	2.12	−1.98	−1.80	−2.14	−2.27
1号墩右侧墩顶	−1.22	0.87	−1.84	−1.69	−2.31	−2.50
2号墩左侧墩顶	−1.22	−0.81	−2.39	−2.35	−1.86	−1.94
2号墩右侧墩顶	−2.51	−2.12	−2.23	−2.24	−1.96	−2.01
3号墩左侧墩顶	2.26	0.09	−2.11	−2.37	−1.98	−1.75
3号墩右侧墩顶	1.97	−1.16	−2.00	−2.22	−2.17	−1.93

由表3-5计算结果表明,逐跨合龙时在左、右中跨跨中合龙口两端分别施加1 480kN、1 550kN的水平顶推力,同时合龙时在左、右中跨跨中合龙口两端施加1 000kN的水平顶推力,成桥时的墩顶水平位移都不到3mm,最大值仅为2.26mm;主墩均受压,且受力均匀,最大压应力2.37MPa,最小压应力1.80MPa,而且无拉应力,都在设计允许范围内。主墩受力满足了要求。

3.6 顶推施工流程

随着现代化建设进程的加快,我们土木工程行业对于施工技术要求以及施工流程也已经日益规范,本书下面将着重几个方面对施工工艺流程进行陈述,文章采用的具体数值根据施工工艺、施工环境的不同也会略有差异。

3.6.1 工艺流程

理论计算→悬臂梁段施工→安装预埋件→浇筑悬臂段混凝土→悬臂段混凝土张拉→移动挂篮→安装千斤顶→张拉顶推→观测→数据分析。

3.6.2 顶推前的准备

顶推是合龙过程中的一项重要内容,顶推不到位、不准确,对于桥梁的使用寿命是有损害的。如果前期准备工作不足,施工过于仓促,甚至会发生巨大的工程事故。所以我们必须严格遵守施工规范,做好顶推前的预备工作,从而为下一步工作做好铺垫。

1)预埋件的加工及安装

在进行梁段施工时,在4个角点提前预埋顶推用钢板便于顶推传力型钢的焊接,使千斤顶顶推过程中梁体受力均匀。

由于千斤顶的长度有限,合龙段的长度又为2m,因此必须加工型钢作为传力设备,根据计算,型钢采用双拼焊接即可,焊缝≥8mm,焊缝一定要饱满,并在接触面加焊两块三角筋板,安装时,型钢的轴线和梁体轴线要保持同一方向。

2)观测点的布置

顶推前在两悬臂段的梁顶面,对称布设好4个用于观测高程变化的基准点1、2、3、4点,并在顶推前测出基准点的坐标和高程,以便观测顶推前后梁体的位移,此两组点距最好取固定值,便于在顶推过程中能用钢卷尺方便直观量测出梁体位移变化数据。基准点布置见图3-13所示,千斤顶顶推作用点见图3-14,千斤顶作用力为3 000kN。

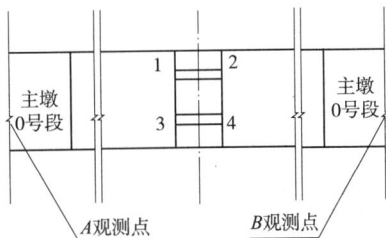

图 3-13 一般基准点布置示意图

另外,在两个主墩的0号段梁顶部的中心位置处,各布设一个观测点来观测顶推后主墩顶部的预偏量,这个点可以利用原来0号段梁顶的水准点(钢筋头上面锯上十字丝,便于观测坐标)。

3)顶推机具

顶推所用的主要机具有4台250t油压千斤顶及配套的4台油泵、水准仪

1 台,全站仪 1 台,钢卷尺 2 把。千斤顶用于顶推,水准仪用于测量观测点的高程,全站仪用于测量观测点的坐标,钢卷尺用于量测观测点间的距离。

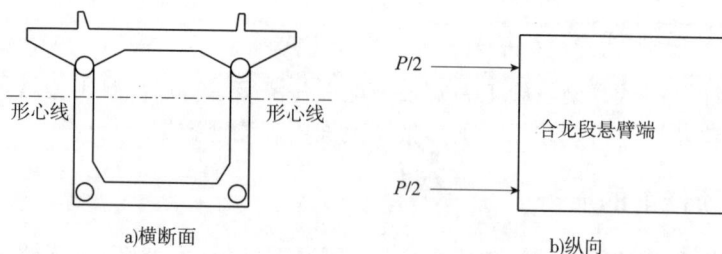

图 3-14　千斤顶作用点布置

4)顶推

(1)安装千斤顶。顶推所用的预埋件安装好后,再安装千斤顶,千斤顶要保持水平,和型钢保持同轴心,然后稍微开动一下油泵,使千斤顶紧紧顶住型钢,测量两个悬臂段观测点的间距,即观测点 1 至观测点 3 的间距和观测点 2 至观测点 4 的间距,测量各基准点的高程,做好记录。

(2)施加 20% 的力。4 个千斤顶全部安装完成后,同时开动油泵,先施加 20% 的力,持荷约 2min,观察预埋件是否处于最佳的受力状态,受压后各型钢和千斤顶是否同轴心,若发现异常及时调整,再重新安装千斤顶顶推。

(3)施加 100% 的力。施加 20% 的力后,若没有异常情况就继续施加到 100% 的力,保持持荷状态,再测量各基准点和两个主墩 0 号段中心点的高程和坐标,并用钢卷尺量距,做好记录。

(4)数据分析。各项数据测量完毕后,马上进行分析,并和理论模型的数据进行比对,若有大的误差则要找明原因进行分析,再进行处理。

(5)安装劲性骨架。顶推工艺结束后,立即安装合龙段的劲性骨架。劲性骨架的安装一定要牢固可靠,不能有松动现象。

(6)拆除顶推设备。劲性骨架安装完毕后,先将千斤顶同时回油、同时收缩,使顶推用的型钢处于松弛状态,再拆除型钢。

(7)后续工艺。拆除完顶推的设备后,进行钢筋的绑扎安装,再进行混凝土的浇筑,按照常规工艺施工即可。

3.6.3　顶推施工控制要点

在实际施工过程中,由于无法在截面形心施加顶推力,故传统上一般都在梗肋处施加,顶推的位置见图 3-14。从对改善桥墩受力、减小混凝土后期徐变、消除温度影响等角度考虑,将千斤顶放置在底板没有多大差别,但对悬臂梁体的内力影响是较大的,这一点类似于拱桥中运用改变千斤顶安放位置来调节主拱圈内力。因此,千斤顶的安放位置还应根据悬臂的实际受力情况来确定。

从理论上讲,顶开力和顶开量应该是一一对应的,但由于实际结构与理想结构之间的差异,使顶开力和顶开量之间有一定偏差。从补偿合龙温度影响的角度考虑,以顶开力控制为宜;从改善桥墩受力和对后期混凝土收缩徐变角度考虑,以顶开量控制为宜。在实际反顶施工过程中,则应以结构安全为首要原则,其次才能以反顶的效果判断。考虑到各种观测数据误差的原因必须遵循以下几点:

(1)千斤顶在反顶之前送到国家批准的校定单位进行千斤顶、油泵车、压力表的配套校定,应多校定 1 台作为备用。

(2)由 2 台千斤顶对称完成反顶作业,且反顶时注意保持 2 个顶的反顶力增加速度一致。

(3)反顶之前将 2 桥台支座处的所有杂物全部清除干净,减少支座的摩阻损失。

(4)在两个现浇段的端头设置挡块,限制在反顶过程中出现位移过大或者出现单边位移过大的情况。

(5)采用 3 组数据控制反顶:一是墩身位移;二是反顶力大小;三是危险位置(墩身顶、墩身脚及系梁位置)的应力。

(6)时时监测以上 3 组数据,任何一组指标达到极限值均停止反顶。

同时,我们对于顶推施工控制要点也要进行准确的把握:

(1)提前把顶推前的合龙段两悬臂端梁体高程观测点初始高程测量出来,此时水准仪提前架好,最好架设在 0 号段上,因为顶推过程对 0 号段高程影响最小。

(2)主墩顶的位移观测时,全站仪要选好一个制高点,不能放在该主墩的 0 号段上面。

(3)当 4 台千斤顶全部就位后,按照各自千斤顶对应的油表标定方程,由每台千斤顶顶推 3 000/4 =750kN 力,计算出各自油表读数;4 台千斤顶需要同步进行顶推,按照设计要求同时启动 4 台油泵车对梁体进行缓慢均匀顶推至设计值。

(4)顶推的型钢必须具有足够的刚度和强度,不能在顶推时变形,严重时会发生安全事故。

(5)4 个角点的顶推要保持同步进行,要在顶推前做好演练,防止受力不均对梁体的线形产生影响。

（6）保证 4 台千斤顶不泄压，不回油状态，及时用体外劲性骨架对梁体重新进行临时锁定，体外劲性骨架锁定一定要牢固可靠，螺栓螺母拧到位，并用钢筋加固焊确保安全。

3.7 合龙施工注意事项

在桥梁进行合龙施工过程中，不论是外因还是内因，一旦发生工程事故其损失是巨大的，所以本书简要列举如下方法措施，用以提高合龙施工的安全性，规范施工，从而确保施工的顺利进行。

（1）合龙段施工风险控制体系的建立，对于大跨径连续刚构桥，不论采用何种施工方法，结构在施工中总要产生变形，而结构的变形将会受到许多因素的影响，很容易使结构在施工中的实际位置（立面高程、平面位置）偏离预期状态，使桥梁难以顺利合龙。因此必须对施工进行控制，使结构误差在容许范围内。

结构合龙是大跨径连续刚构桥施工过程中结尾的工作，也是施工中最为关键的工序，因为在此过程中内力控制的好坏直接影响着全桥的受力性能，对桥梁的运营寿命有很大的影响。

桥梁由于前期施工误差的积累，导致梁体合龙时产生梁底崩裂是经常遇到的事故。造成这种事故的因素有：①混凝土强度没有达到施工规范要求，或者弹性模量偏低，过早张拉引起混凝土产生过大变形；②施工人员前期测量误差较大，没有及时修正，产生误差积累；③预应力钢束在张拉后对梁体径向有一个下崩力；④徐变对结构产生影响，在合龙施工时受到周围环境温度的升高，预应力钢束和混凝土的弹性模量不同，混凝土的膨胀变形大于预应力钢束的线性伸长，使得施工梁段产生上挠变形。反之，若温度降低，混凝土发生收缩、徐变，使梁体的预应力降低，在自重作用下，结构会产生下挠变形。

针对以上结构合龙时梁底崩裂产生风险事态的原因，确定了风险事态控制体系，如图3-15所示。

（2）合龙段采用劲性骨架进行临时约束锁定，临时锁定按支撑方式可以分为如下 3 种。

①内外刚性支撑法。这种锁定措施是在箱梁顶板、底板表面预埋钢板，用刚度较大的型钢焊接或栓接在钢板上，并在梁顶、底板中沿纵向设置内刚性支撑，这样通过内外刚性支撑共同锁定合龙段。

②仅设内（外）刚性支撑法。使用悬臂长度不长，合龙时温度较低，温差较

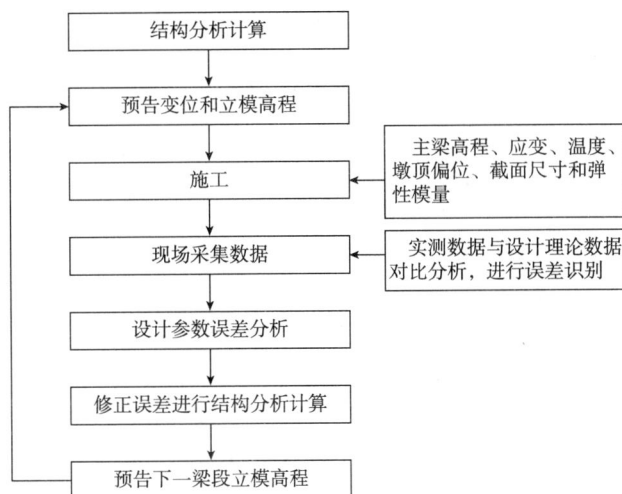

图 3-15　风险事态控制体系

小,仅用内(或外)刚性支撑就可以克服温度变化产生的拉压力的情况。

③外(内)刚性支撑和张拉临时预应力钢束共同锁定法。用刚性支撑抵抗合龙段混凝土升温时产生的压力,用预应力钢束抵抗降温时产生的拉力。

(3)合龙段劲性骨架锁定温度和浇筑温度确定。

连续多天对当地气温和混凝土浇筑后的温度变化进行跟踪测量,将测量结果进行分析整理,绘制成温度曲线,确定设计锁定温度为 15℃,实际合龙温度将按照合龙前实测温度报施工监控和设计部门后最终确定,劲性骨架锁定时间及浇筑混凝土安排在温度变化相对稳定的时段进行。

在实际施工中,合龙温度应尽量满足设计要求,实际合龙温度不能达到设计要求时,应通过内力调整使主梁达到设计合龙温度,当合龙温度高于设计合龙温度,由于恢复到设计合龙温度是一个降温过程,对主梁悬臂根部是负弯矩作用,对结构受力不利,应适当采取顶开措施来调整结构受力。当合龙温度低于设计温度,由于恢复设计合龙温度是一个升温过程,对主梁悬臂根部是正弯矩,对结构受力有利,一般不作调整。

(4)合龙前高程调整应注意以下问题。

由于主梁悬臂施工中高程控制存在不可避免的施工误差和预测误差,因此,主梁合龙时两合龙端存在高程偏差(扣除纵坡影响),当高差小于 1cm 时,不做调整,当高差大于 1cm 时,必须通过临时配重予以调整。临时配重应在待合龙的"T"结构两端对称设置。临时配重必须通过理论分析计算,充分考虑

103

合龙后及运营阶段的结构内力(应力)的影响,与主梁高程偏差兼顾,不合理的配重设置导致结构内力(应力)不合理,可能导致箱梁薄弱处在运营阶段混凝土开裂。因此,必须严格控制桥面不合理配重及合龙前拆除桥面的临时荷载。

(5)为保证混凝土浇筑的安全并使悬臂挠度始终保持稳定,在合龙前,应在各悬臂端附加与合龙段混凝土重量相同的平衡重,并随着混凝土的浇筑分级卸除平衡重。结合当地实际情况,配重采用水箱平衡法,按照设计图纸计算所需重量,制作所需水箱的尺寸,浇筑混凝土前注入所需重量的水,浇筑过程中要严格控制混凝土的浇筑量和浇筑速度,并在浇筑混凝土的过程中分级抽掉水箱中的水,以平衡悬臂端的重量,使两悬臂在浇筑混凝土及混凝土初期硬化过程中始终保持稳定,同时悬臂挠度也得到控制。

(6)锁定过程:完成合龙段立模高程,绑扎钢筋及预应力管道,按要求设置平衡重,由于合龙段施工时已是 7 月份,即使将施工时间安排在晚间 0:00 以后,温度仍然达不到设计的 15℃,在监控单位和设计单位共同研究决定后,决定对合龙段采用顶推的方法克服因温度高于设计温度而造成的变形量,顶推采用千斤顶对称顶推的方法,按照设计单位所计算的设计量缓慢对块段进行顶推,在满足要求后焊死刚性杆及锚固杆之间的连接板,并同时用薄钢板填实顶紧刚性杆与锚固杆之间的空隙。

(7)在安装好劲性支撑后,立即张拉合龙段临时预应力束,张拉吨位应根据实际张拉吨位及温度计算,当合龙时气温骤然变化时,临时张拉吨位要根据温度应力影响确定。

(8)混凝土施工。在灌合龙段混凝土前几天不断湿润合龙段两端交界面的混凝土。交界面的凿毛要符合规范要求,严格控制。

混凝土的施工顺序按先底板后腹板再顶板的顺序进行。底板混凝土从顶板上预留孔进入。混凝土的浇筑时间应选在一天中气温最低的时间进行,浇筑完毕后气温开始回升,避免白天浇筑产生的收缩裂缝,混凝土的入模坍落度控制在 180~200mm,混凝土的浇筑工作必须在初凝前完成,混凝土的初凝时间控制在 3h 左右。浇筑合龙段混凝土时,可将合龙段混凝土强度等级提高一级,采用早强、高强、收缩少或微膨胀的水泥拌制的混凝土,以便及早达到设计要求的强度,及时张拉预应力钢束,防止合龙段混凝土出现裂缝。

(9)合龙段混凝土浇筑完成后,为防止温度变化影响产生裂缝,必须加强养生,使混凝土在早期结硬过程中处于升温受压状态。对合龙段混凝土进行覆盖养护,合龙段左右各 2~3m 范围内也应一起洒水养护,箱内箱外均应不间断洒水,养护时间不少于7d。特别注意的是,合龙段混凝土浇筑后,需对该跨顶板采取隔热措施,以免箱梁顶板与底板温差变化大。合龙段混凝土收浆后,再予以覆盖和洒水养生,如果混凝土面有模板覆盖时,在养护期间应使模板保持湿润。

(10)张拉压浆。待合龙段混凝土强度达到90%设计强度和弹性模量达到设计的90%时,对称张拉合龙段的底板预应力束,先长束后短束,并安排专人观测顶板、底板齿块,看是否有裂缝等异常产生,如果有异常产生要立即上报。纵向预应力束张拉完毕后,再依次张拉合龙段及直线段竖向、横向预应力束,最后补拉先期的顶板、底板临时预应力束到位。张拉工作完成结束且不超过24h后进行压浆工作,压浆采用真空压浆工艺。浆体采用设计要求的水灰比,并掺入适量的膨胀剂,浆体搅拌的同时进行管道的抽真空作业,当抽真空达到−0.06～0.1MPa时进行压浆,压浆满后立即关闭管道阀门,同时压力机在0.5～0.7MPa时持续时间不少于2min。

第4章 工程应用举例

本章依托某高速3座特大跨连续刚构桥为工程背景,描述了一次合龙关键技术在桥梁工程上的应用。

4.1 沮河特大桥工程概况及施工工艺

4.1.1 工程概况

沮河特大桥主跨为85m + 3×160m + 85m预应力混凝土连续刚构,一联全长650m。主梁采用挂篮悬臂浇筑法施工,各单"T"箱梁分20对悬臂浇筑梁段,21号段为合龙段,中跨、边跨、次边跨合龙段长度均为2m,合龙段梁高3.5m,混凝土方量28m³,现场施工作业外景如图4-1所示。

图4-1 沮河特大桥现场施工作业平台外景

4.1.2 施工方案

1)总体方案

根据工期安排,合龙段施工由原设计的先边跨、中跨同时合龙再次边跨合龙的两次合龙改为边跨、次边跨、中跨一次性合龙。根据目前现场进度情况,首先合龙左幅,然后合龙右幅。

合龙段浇筑采用挂篮,合龙段内模、侧模及底模均采用挂篮相应模板,合龙段浇筑时由挂篮承受全部重量,具体合龙方法如图 4-2 所示。

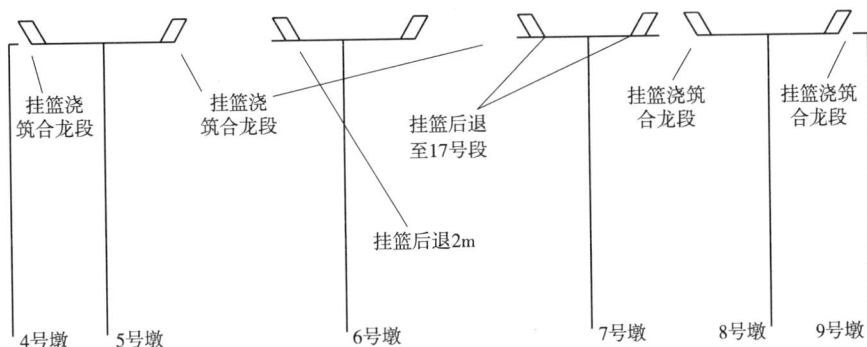

图 4-2 合龙示意图

20 号段浇筑完成后,7 号墩 T 构两侧挂篮拆除底模、侧模及内模,挂篮主桁退至 17 号段,6 号墩小里程侧挂篮拆除底模后退 2m,4、5 号边跨合龙段、5、6 号次边跨合龙段采用 5 号墩两侧挂篮,6、7 号中跨合龙段采用 6 号墩大里程侧挂篮,7、8 号次边跨、8、9 号边跨合龙段采用 8 号墩两侧挂篮。

2)合龙施工段流程

合龙施工段流程可描述为:

20 号段施工→悬臂端临时荷载清理→挂篮前移绑扎钢筋安装模板→设置配重→顶推→劲性骨架连接→合龙段混凝土浇筑养生→张拉剩余钢绞线并压浆。

(1)悬臂端临时荷载清理

20 号段施工完毕,张拉压浆后清理梁顶面施工机具、材料,可堆放到 0 号段附近或吊至墩下。

(2)模板、钢筋安装

5 号墩、8 号墩 T 构两端挂篮及 6 号墩大里程侧挂篮前移至适当位置用于浇筑合龙段。6 号墩小里程侧挂篮拆除底模后退 2m、7 号 T 构两侧挂篮后退至 17 号段。

边跨合龙段:挂篮底模下放,前移至适当位置,用挂篮底模作为施工平台安装合龙段底模,合龙段底模面板采用竹胶板,下部用 10cm×10cm 方木做顺桥向背带,横桥向用双槽钢三道做承重横梁,承重横梁通过精轧螺纹钢悬挂在上部吊梁上,吊梁两端支撑在 20 号段及现浇段上。外侧模采用挂篮侧模,外滑梁滑出,锚固在现浇段上,外侧模顺滑梁滑出就位(图 4-3)。

次中跨、中跨现浇段:挂篮前移至对面 20 号段端部,外滑梁滑出,锚固在另一端 20 号段上,挂篮底模适当下放,用钢丝绳临时悬挂在外侧模上,拆除挂篮前吊带,通过倒链牵引外侧模及底模滑出,前下横梁滑至另一端 20 号段下后用精轧螺纹钢锚固在底板上(图 4-4)。

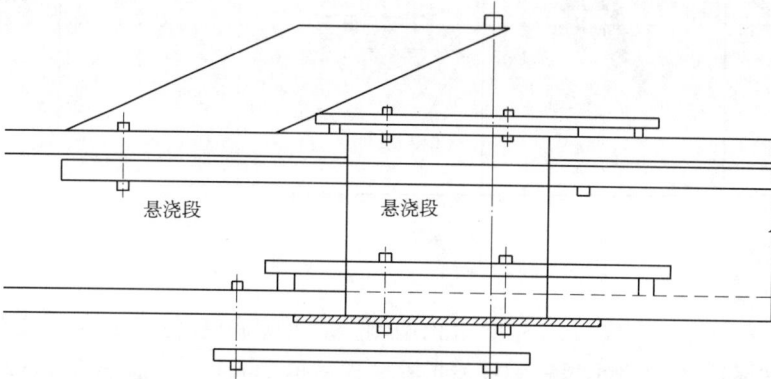

图 4-3 挂篮浇筑边跨现浇段合龙示意图

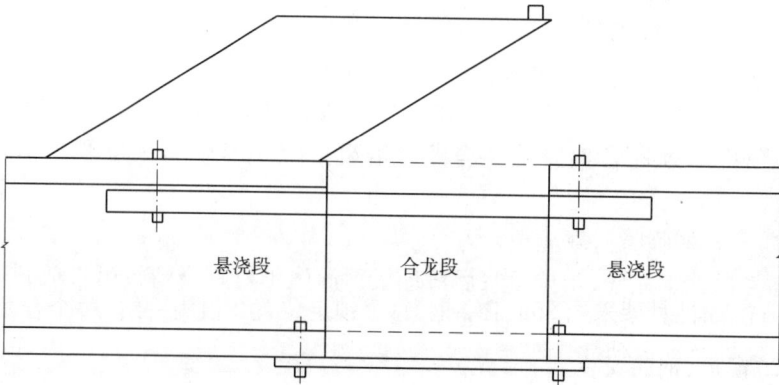

图 4-4 现浇合龙段示意图

底模及侧模就位后,绑扎底板、腹板钢筋、安装预应力管道。

底板及腹板钢筋绑扎完后,安装内模,内模采用挂篮内模,通过内滑梁滑出就位。

内模安装完成后绑扎顶板钢筋,安装预应力管道。

108

合龙段所有纵向钢筋与 20 号段及现浇段的连接均采用绑扎搭接,且一端绑扎,另一端暂不绑扎,顶推完成后再进行绑扎,以防止顶推时纵向钢筋阻碍位移。

合龙段腹板模板拉杆暂不拉紧,顶板、底板吊带暂不顶紧,待顶推结束后再拧紧螺栓。

钢筋及预应力管道安装完后进行合龙段钢绞线穿束,钢绞线穿完后不允许带锚具夹片。

钢筋安装要注意以下几点:

①钢筋安装前,必须在加工厂进行半成品的检查,合格后再进行下步工作。

②钢筋安装前,在模板上放样到位,防止钢筋间距偏差不符合要求。

③钢筋与预应力钢筋(管道)、预埋件等相互冲突时,将普通钢筋适当移动位置,严禁截断或减少钢筋数量。

④在立模前检查钢筋保护层垫块数量是否按照 4 个/m² 布置,垫块绑扎是否牢固,保护层厚度是否符合要求等,如有偏差,及时进行调整。

(3)设置配重

配重布置在 T 构两侧悬臂端,配重方式为砖砌水池,水池内采用砂浆抹面 2cm,防止渗水。水池净尺寸 $6.5m \times 4.5m \times 1.5m$,最大可蓄水 $44m^3$,水池采用"24"砖墙,砌砖重量 166kN。在水池内用油漆标出刻度线,两刻度线间水的重量相当于 $2m^3$ 混凝土重量。水池底部设排水阀门,同时设水泵一台,混凝土浇筑过程中随着混凝土的浇筑两个水箱同时分级放水,每级放水量相当于 $2m^3$ 混凝土重量。

(4)顶推前观测

合龙时间前一周开始观测全天温度变化,每 1h 记录一次,以便选择最佳合龙时间。提前 3d 对悬臂端进行挠度变化和纵向位移测量。

(5)顶推

除边跨合龙段外,每个合龙段在顶板与腹板倒角处设 2 台 500t 千斤顶进行顶推,20 号段施工时预埋钢板,顶推反力劲性骨架均采用 32a 双工字钢拼焊。合龙段锁定劲性骨架采用 36a 工字钢,每个锁定位置 2 根为一组,每个合龙段共设 4 组,顶推及锁定劲性骨架布置见图 4-5、图 4-6。

顶推前先将劲性骨架一端与预埋钢板焊接,另一端待顶推到位后再焊接。

顶推时间安排在一天中最低气温时进行,顶推力及各墩顶位移按顶推时的温度采用监控及验算单位提供的数据。

顶推前根据油顶标定数据表提前计算各级应力所对应的油表读数,同时安排测量人员在另外半幅适当位置设 2 台全站仪,各负责观测 2 个主墩墩顶偏移量(图 4-7、图 4-8)。

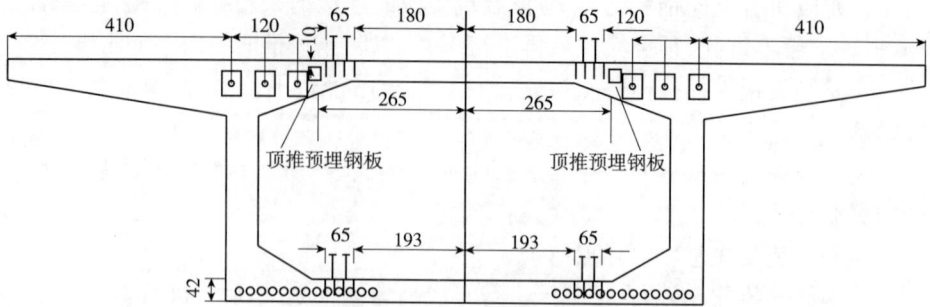

图4-5 锁定劲性骨架及顶推预埋钢板正面布置图(尺寸单位:cm)

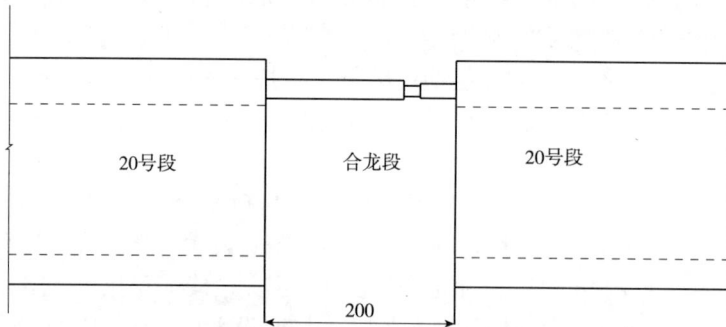

图4-6 顶推侧面布置图(尺寸单位:cm)

图4-7 现场千斤顶布置示意图(一)

图4-8 现场千斤顶布置示意图(二)

　　施加顶推力时按照 0→25%→50%→75%→100% 的顺序分四级加载。达到设计顶推力时与设计要求的位移控制数据对比,做好相关记录。由于篇幅限制,下面仅列举沮河特大桥连续刚构合龙3号千斤顶参数表(表4-1)及左幅5、6号合龙顶推数据记录表(附录1)。

表4-1

沮河特大桥连续刚构合龙3号千斤顶参数

序号	千斤顶编号	3 号	日期：
	油表编号	12.8.387	
	公式	$P = 0.111F - 0.012$ （F 为张拉力，P 为油表读数）	备注
	顶推力（10kN）	读数（MPa）	
1	5	0.5	
2	10	1.1	
3	15	1.7	
4	20	2.2	
5	25	2.8	
6	30	3.3	
7	35	3.9	
8	40	4.4	
9	45	5.0	
10	50	5.5	
11	55	6.1	
12	60	6.6	
13	65	7.2	
14	70	7.8	
15	75	8.3	
16	80	8.9	
17	85	9.4	
18	90	10.0	
19	95	10.5	
20	100	11.1	
21	105	11.6	
22	110	12.2	
23	115	12.8	
24	120	13.3	
25	125	13.9	

续上表

序号	千斤顶编号	3 号	日期：
	油表编号	12.8.387	
	公式	$P = 0.111F - 0.012$ （F 为张拉力，P 为油表读数）	备注
	顶推力（10kN）	读数（MPa）	
26	130	14.4	
27	135	15.0	
28	140	15.5	
29	145	16.1	
30	150	16.6	
31	155	17.2	
32	160	17.7	
33	165	18.3	
34	170	18.9	
35	175	19.4	

（6）劲性骨架连接

顶推前需准备若干 3～10mm 厚钢板，顶推后如锁定劲性骨架与预埋钢板间出现空隙用钢板填塞后劲性焊接（图 4-9～图 4-11）。

各合龙段达到规定顶推力且位移符合设计要求时，焊接劲性骨架，每个焊接点安排 1 台焊机、1 名焊工突击焊接，每个合龙段共 4 台焊机、4 名焊工。现场人员施工作业如图 4-12、图 4-13 所示。

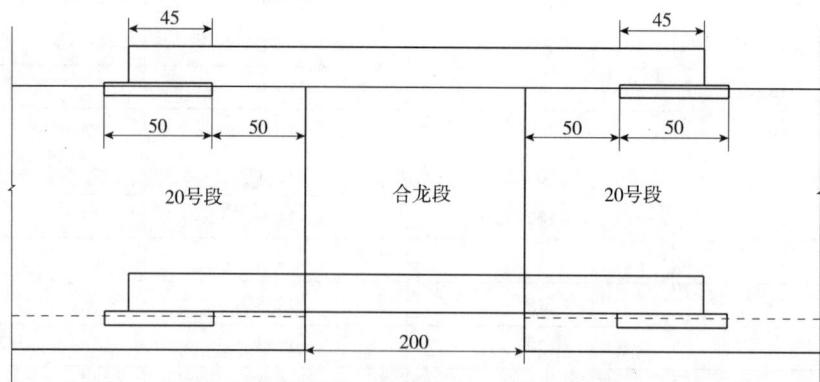

图 4-9　锁定劲性骨架侧面布置图（尺寸单位：cm）

图 4-10 现场劲性骨架布置图(一)

图 4-11 现场劲性骨架布置图(二)

图 4-12 现场人员施工作业示意图(一)

图 4-13 现场人员施工作业示意图(二)

(7)混凝土浇筑及养生

合龙时间选择一天中气温最低的时间。

混凝土浇筑泵送设备按图 4-14 布置。

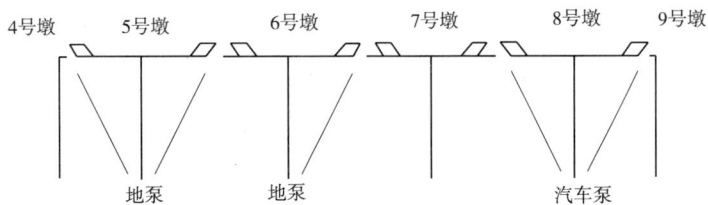

图 4-14 合龙段混凝土浇筑混凝土泵布置图

①混凝土生产及运输

混凝土采用现场拌和站集中拌和。

在混凝土拌和前,试验员严格按照施工配料单进行材料、搅拌时间数据的输入、控制,对计算机数据的真实性和可靠性负责;在每次开拌之始,试验员和拌和站司机应注意监视和检测前2～3盘混凝土的和易性。如有异常,应立即分析情况并处置,直至拌和物的和易性符合要求,方可持续生产。当施工配合比调整后,亦应注意开拌时的监视与检测工作;试验员负责拌和站混凝土的和易性检测并作好记录,和易性包括坍落度、坍落流动度、含气量和温度。

对拌和站的原材料的日常储存要定时检查,发现问题要及时和现场相关人员协同处理并向站长报告;严格检查作业队伍对技术交底的执行情况,发现问题及时解决,必要时责令其返工,向上反映出现的问题,并做好相关的工作记录。

混凝土运输车司机应根据拌和站调度的统一安排,负责将混凝土在规定时间内安全运至使用地点;当因混凝土质量不合格拒绝接受时,司机应要求工地调度及时和拌和站调度取得联系,按照拌和站调度指令进行处理;运输车进场前,主动进行清洗作业,杜绝将污染物带进拌和站;严禁擅自加水,严禁混凝土被拒收后又"转圈回来"的现象。

混凝土到达现场后,技术人员和质检人员要提前对混凝土进行检查并检测混凝土的坍落度;如发现混凝土有问题,迅速联系工地试验室对拌和站混凝土进行调整。

②混凝土浇筑

施工现场采用混凝土汽车泵输送到浇筑位置。混凝土浇筑次序:先浇筑底板,再浇筑腹板和顶板。

混凝土分层浇筑,分层厚度30cm,振捣采用插入式振动器,振动器移位间距不超过振动器作用半径的1.5倍,与侧模保持5～10cm间距,且插入下层混凝土中的深度为5～10cm。每一振点的振捣延续时间为20～30s。

浇筑底板到距设计高程还差10cm后,紧接着浇筑腹板部分的混凝土。腹板部分的混凝土从腹板顶口浇入,用插入式振捣器振捣。由于混凝土具有流动性,会有部分混凝土从腹板底口流入底板,所以,振捣腹板上部的混凝土时,要注意控制插入深度和振捣时间,适当让部分腹板混凝土流入底板内,以补充底板混凝土至设计厚度,并要保证腹板内每个部分都被振捣密实。流入底板的混凝土由人工摊平,并用平板振捣器加以振捣,使底板厚度达到设计要求的厚度。

预应力波纹管密集的部位,振捣时要防止漏振、欠振,在钢筋、预应力管道密集的地方采用棒头较小的振动棒,确保混凝土的密实,振捣时不要挤压波纹管,避免波纹管变形、漏浆封堵及移位。

在浇筑底板、腹板及顶板混凝土时,要做到混凝土浇筑工作对称浇筑。

混凝土浇筑过程中安排专人根据混凝土浇筑进度把配重水箱内的水向外排放。

③混凝土养生

在混凝土初凝后,底板及顶板顶面采用土工布覆盖洒水养生,要保持表面湿润。腹板采用喷水养生。

混凝土洒水保湿养护时间不少于14d。

(8)合龙段预应力张拉、管道压浆

合龙段混凝土强度达到设计强度的90%后,根据设计院要求的顺序进行预应力张拉。

张拉按照先长束后短束的顺序,从边跨向中跨对称进行,每束均先依次张拉至设计张拉力的50%,再依次补足。

①纵向预应力钢绞线采用一次张拉的工艺,张拉步骤为:

安装工作锚→安装限位板→安装千斤顶→安装工具锚→初张拉 $(25\% \sigma_k)$→量测初伸长值→$50\% \sigma_k$→$100\% \sigma_k$→(持荷2min)→σ_k→量测终伸长值→锚固→张拉缸回油、工具锚松脱→关闭油泵、张拉缸、顶压缸复位→依次卸下工具锚、千斤顶。

张拉采用应力、伸长值双控制,当实际伸长值与理论伸长值不相符,并超过 ±6%时,应停止张拉,查明原因,采取措施予以克服。

张拉完成后采用砂轮机切断钢绞线。锚环外露钢绞线长度不得小于3~5cm。然后按规定进行封锚。封锚可采用专用锚固剂或素水泥混凝土。

②竖向预应力张拉采用YC80B型穿心式单作用千斤顶单端张拉,张拉采用双控法,以油压表值为主,油压表值的误差不得超过 ±2%,伸长量的误差不得超过 ±1%。伸长量的测量采用千斤顶上的转数表与实际测量活塞杆伸长相结合的办法。

张拉程序如下:

安装锚垫板和锚具→安装千斤顶→初应力取 $0.1\sigma_k$→张拉至 σ_k,拧紧螺母,测量伸长量→卸荷。

③管道压浆:

管道压浆除严格按照《公路桥涵施工技术规范》(JTG/T F50—2011)执行。压浆前先用压力清水冲洗将要压浆的孔道。压浆机采用连续式压浆泵,其压力表最小分度值不得大于0.1MPa,搅拌机的转速不低于1 000r/min,桨叶的最高线速度限制在15m/s以内。在配制浆体拌和物时,水泥、压浆剂、水的称量应准确到 ±1%。浆体搅拌操作顺序为:首先在搅拌机中先加入实际拌和水用量的

80% ~90%,开动搅拌机,均匀加入全部压浆剂,边加入边搅拌,然后均匀加入全部水泥。全部粉料加入后再搅拌 2min;然后加入剩余的 10% ~20% 的拌和水,继续搅拌 2min。

浆体压入梁体孔道之前,应首先开启压浆泵,使浆体从压浆嘴排出少许,以排除压浆管路中的空气、水和稀浆。当排出的浆体流动度和搅拌罐中的流动度一致时,方可开始压入梁体孔道。

压浆的压力宜为 0.5 ~0.7MPa,对长管道最大压力不宜超过 1.0MPa。压浆充盈度应达到孔道另一端饱满,并于排气孔排出与规定流动度相同的浆体为止。关闭出浆口后,应保持不小于 0.5MPa 的稳压期,保持时间 3 ~5min,无漏浆情况时,关闭进浆阀门卸下输浆胶管。

4.2 黄家沟大桥工程概况及施工工艺

4.2.1 工程概况

K100 +925 黄家沟大桥起点桩号为 K100 +591,终点桩号为 K101 +429,全桥长度 838m,最大桥高为 113.15m。全桥为主跨 75m + 2 × 140m + 75m 的预应力混凝土结构,引桥上部结构为 40m 预应力混凝土连续箱梁,下部为空心墩及柱式墩。全桥共 3 个主墩,其中 7、8、9 号为主墩,6 ~10 号为交界墩。左右幅共 8 个合龙段,每个合龙段长 2m 高 3.2m、顶宽 16.65m、底宽 8.65m,混凝土 27m³。

4.2.2 施工方案

1)合龙顺序

黄家沟大桥箱梁左右幅各有 4 个合龙段,其中边跨合龙段 2 个,中跨合龙段 2 个,合龙段长度均为 2.0m,高为 3.2m,混凝土方量为 27m³。

合龙顺序:全桥单幅采用一次性合龙方案,先右幅合龙,再左幅合龙。

2)合龙措施

(1)顶推措施

采用一次性合龙,在两个中跨处施加顶推力,7 ~8 号为顶推力一,8 ~9 号为顶推力二。

合龙时采用顶推力大小根据合龙时温度由表 4-2 中选定(表格数据以合龙时间段内计划合龙温度计算填写,最终以合龙前 3d 温度观测确定)。

计算后各温度下合龙所需的顶推力   表4-2

顶推力 合龙温度	顶推力一	顶推力二
15℃	2 120kN	1 920kN

①顶推力施加位置

顶推力施加在箱梁倒角处的腹板混凝土上(图4-15)。两边对称施加。

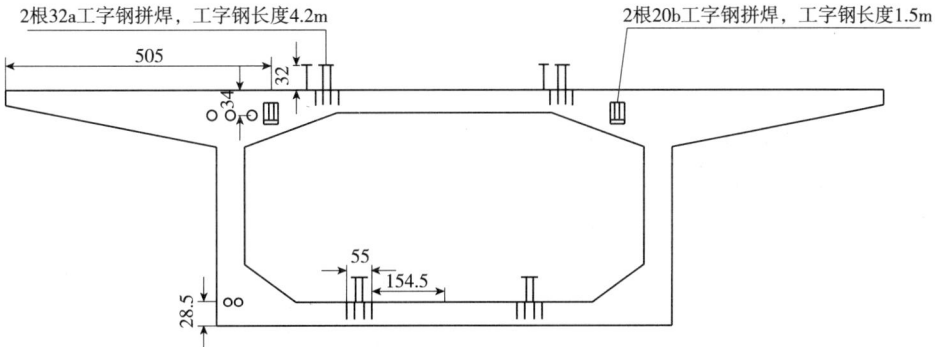

图4-15 劲性骨架位置示意图(一)(尺寸单位:cm)

②顶推力施加方法

在合龙段锁定工作准备就绪后,选定一天之中温度最低且相对稳定时进行顶推,在千斤顶与顶推位置混凝土之间采用一段150cm长的20b工字钢辅助钢梁及钢板衔接,如图4-16所示,顶推时需同步加载,顶推到位后立即锁定。现场千斤顶布置示意图见图4-17。由于篇幅限制,仅列举黄家沟左幅7、8号墩合龙顶推数据记录表(附录2)。

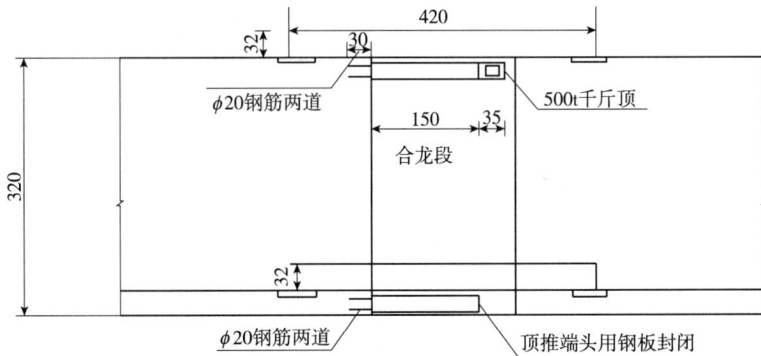

图4-16 劲性骨架位置示意图(二)(尺寸单位:cm)

③顶推、锁定材料设备

顶推材料为:500t 千斤顶 8 套,(备用 4 套)1.5m 长双背 20b 工字钢 8 根,2cm 厚、45cm 方钢板若干。

合龙段锁定材料为:4.2m 长双背 32 工字钢 16 根、电焊机 20 台(其中 4 台备用)。

(2)模板支架措施

7~9 号墩边跨合龙段利用浇筑完成的 18 号块段的挂篮进行底模和侧模的

图 4-17　现场千斤顶布置示意图

拼装,即把外滑梁、内滑梁牵引出作为合龙段模板受力体系,若边跨现浇段牛腿与挂篮冲突,可适当调整牛腿长度。挂篮布置如图 4-18 所示。

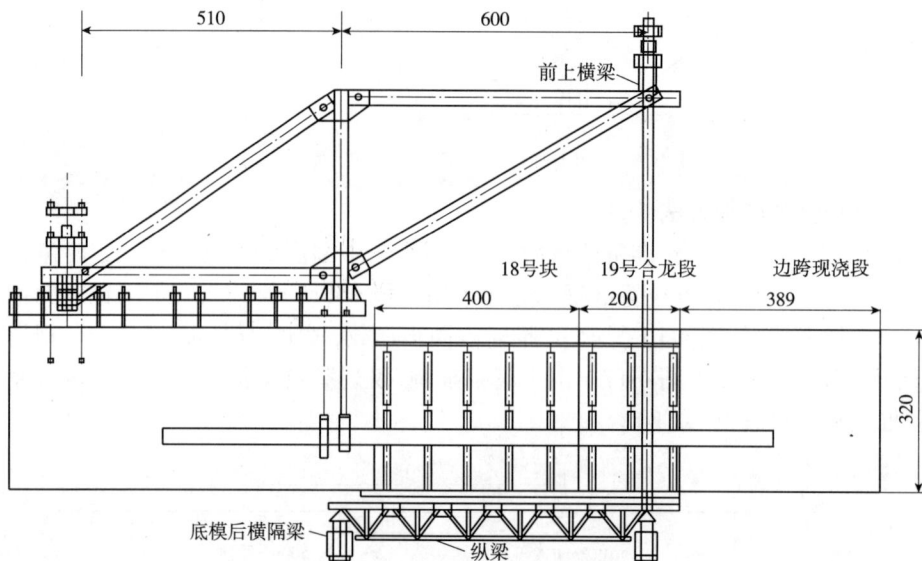

图 4-18　边跨合龙示意图(尺寸单位:cm)

中跨合龙段需先拆除 8 号墩的挂篮,利用 7、9 号墩的挂篮进行合龙,8 号墩在浇筑完 18 号块段后,利用卷扬机先拆除挂篮的底模和侧模,然后将主桁架行走至 0 号块段,利用塔吊拆除主桁及轨道。

在 7、9 号墩浇筑完 18 号块段后,将 7、9 号墩的挂篮行走至合龙段,利用挂篮拼装合龙段模板,浇筑完成后进行张拉及压浆之后拆除挂篮。中跨合龙段挂篮位置如图 4-19 所示。

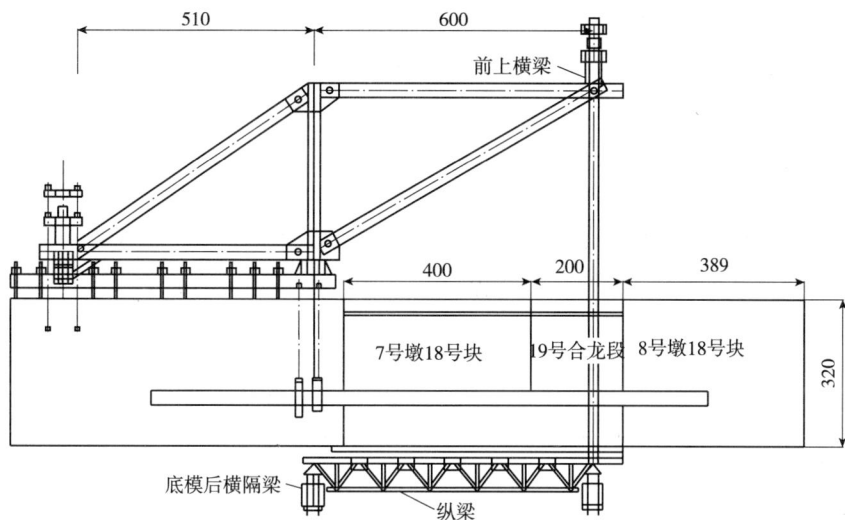

图4-19 中跨合龙示意图(尺寸单位:cm)

(3)配重措施

水箱配重:合龙时必须采用水箱进行配重,在浇筑合龙段混凝土时,两边同时,等量的卸载等同于所浇筑混凝土重量的水。

配重水箱采用"24"砖的形式进行砌筑,合龙段混凝土质量70t,因此合龙段每边质量按35t进行配重。水的密度按 $1t/m^3$ 计,水池设计长7m、宽3.4m、高1.5m。每个水池均退后合龙段界面0.5m进行砌筑。水箱内侧打好刻度线,以便于卸载,配重水箱示意图见图4-20。

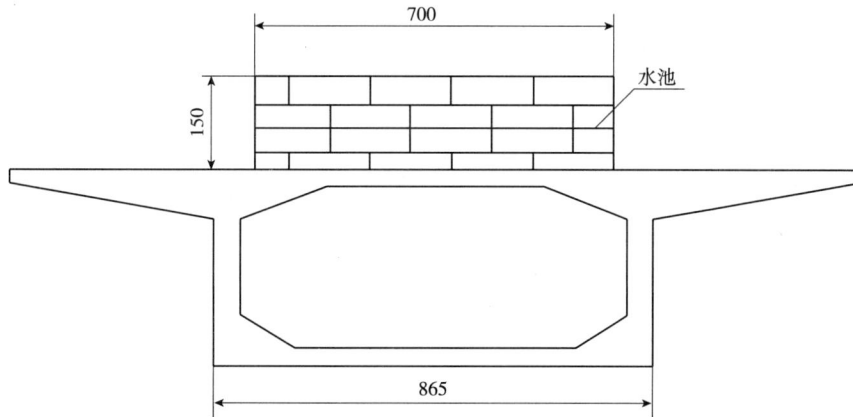

图4-20 配重水箱示意图(尺寸单位:cm)

3）合龙施工步骤

（1）挂篮移至合龙位置，移除挂篮底板操作平台。将挂篮前吊带紧贴边跨现浇段混凝土，补充完善底板模板及外侧翼缘板，实现合龙段模板体系，吊带处采用盒子隔离。清理桥面杂物，与施工无关的设备吊运至桥下集中堆放。

（2）绑扎合龙段底板及部分腹板、顶板钢筋，单端固定，安装底板预应力管道，竖向预应力筋安装定位，并做好预留孔，埋好预埋件，提前将内箱洒水降温。

（3）将劲性骨架单端按设计要求焊接等待（将外锁型钢先焊于悬臂梁端上），增加配重，测量合龙段两侧对应块段的相对高程及高程数据，确保相对高程满足设计和刚构线形的要求。

符合要求后，在当天温度最低时同步进行顶推（顶推时，观测墩顶处变形值），当顶推满足预期要求后，对劲性骨架进行锁定，单个合龙段设置4台电焊机焊接劲性骨架，在一个小时内完成锁定，待锁定全完成后卸载油顶，在最短时间内完成剩余钢筋安装及定位。

（4）浇筑合龙段混凝土。混凝土浇筑时，4个合龙段同步浇筑，采用对称分层进行。同时，根据浇筑速度同步进行水箱卸载。

图4-21　温度计合龙段测温

（5）正常养护混凝土待合龙段混凝土达到设计张拉强度、弹模后，对称张拉钢束（先长后短）。张拉完成后，结构体系由T构转变为T构悬臂端加铰支的超静定结构。

（6）拆除挂篮、边跨现浇段支架及其他不必要的施工荷载，进行桥面系施工。

（7）施工过程中，及时做好对合龙段温度监测工作，分别通过温度计（图4-21）和温度应力采集仪（图4-22、图4-23）两种工具对合龙段周边温度进行监控，从而混凝土合龙后强度满足要求。

图 4-22 温度应力采集仪示意图(一)

图 4-23 温度应力采集仪示意图(二)

4.3 常家河特大桥工程概况及施工工艺

4.3.1 工程概况

铜黄高速公路 DK103 + 035 常家河特大桥横跨常家河,与河沟斜交(图 4-24、图 4-25)。梁体采用 75m + 2 × 140m + 75m 预应力连续箱梁。连续刚构均采用钻孔桩基础,承台为 15.8m × 11.6m × 5m,设计墩身全部为薄壁空心墩,最高墩高 90m,桥面排水形式为一字坡。各单"T"除 0 号块外分 18 对节段,其纵向分段长度为(6 × 3)m + (6 × 3.5)m + (6 × 4)m,0 号块长 12m,中、边跨合龙段长度均为 2m,边跨现浇段 4m。连续刚构 1 ~ 18 号段均采用悬臂浇筑法施工,边跨现浇段采用托架现浇施工,各合龙段利用挂篮模板施工(图 4-24、图 4-25)。

图 4-24 常家河施工外景图(一)

图 4-25 常家河施工外景图(二)

121

4.3.2　施工方案

1）边跨合龙段方案

（1）合龙段模板

边跨合龙段挂篮施工（图4-26）采用挂篮底模、外侧模、内模作为边跨合龙段模板，考虑到挂篮前移时，因前吊带与边跨现浇段梁体抵触，无法前移就位，所以在前移前要做好以下工作：

①挂篮施工完18号块后，将前吊点由钢板吊带改为精轧螺纹钢吊杆，将因前吊点影响长度不足的部分焊接钢板补足长度。

②拆除拉筋，放松内外侧模，通过挂篮使底模、侧模平台前移就位，底模利用挂篮吊带固定，侧模利用吊带将其固定在翼板预留孔上。

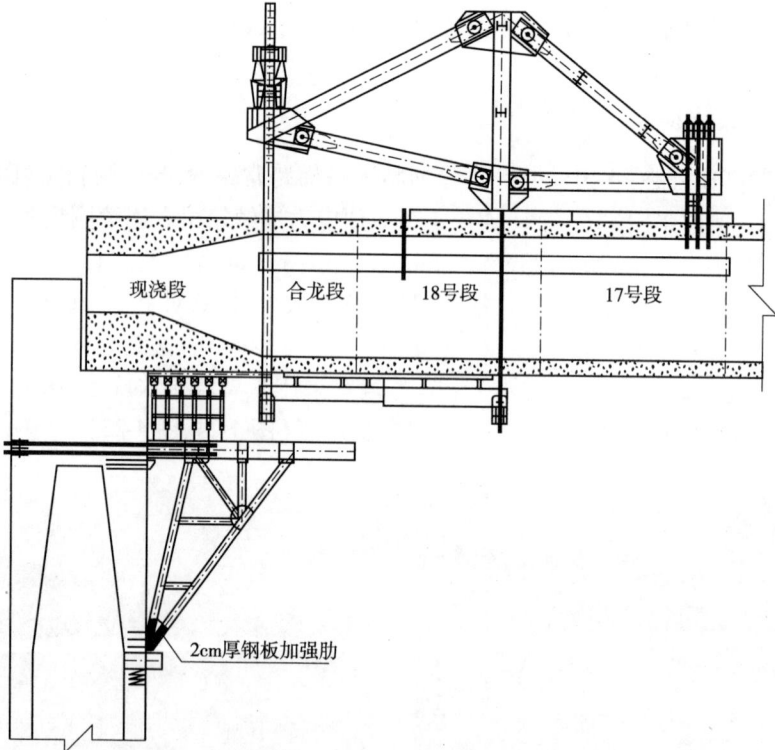

图4-26　边跨合龙段挂篮施工示意图

③底、腹板钢筋绑扎完毕后，通过导链牵引内模架就位。

④用拉筋将内外模拉紧，缝隙用密封条或砂浆补平，为防止出现错台或

漏浆。

（2）配重

在 Z5、Y6 号墩和 Z7、Y8 号墩 18 号段 T 构两侧各放置 38t 水池进行配重，随边跨合龙段混凝土浇筑重量同步减去边跨侧水箱内水的重量，保持 T 构两侧力矩平衡。边跨现浇段考虑托架施工，加载变形较小，不进行配重。

（3）钢筋绑扎、安装预应力孔道

普通钢筋在地面集中加工成型，运至合龙段绑扎安装，绑扎时将劲性骨架安装位置预留，等劲性骨架锁定后补充绑扎。

合龙段混凝土浇筑前，要将所有的预应力钢绞线全部穿入波纹管内，为防止混凝土浇筑时波纹管道堵塞，除接口处用胶带缠绕密封外，还要注意逐根检查有没有受电火花影响打开的孔洞，同时混凝土浇筑时下混凝土口要尽量避开波纹管位置。

（4）边跨合龙段锁定

合龙前使悬臂端与边跨等高度现浇段临时连接，尽可能保持相对固定，以防止合龙段混凝土在浇筑及早期硬化过程中发生明显的体积改变，锁定时间按合龙段锁定设计执行，临时"锁定"是合龙的关键。临时锁定采用劲性骨架实现，边跨合龙段锁定无需施加顶推力。

（5）边跨合龙段混凝土浇筑

钢筋绑扎与合龙段锁定完成后选择在一天气温最接近设计合龙气温浇筑合龙段混凝土，浇筑时间在 4h 内完成，混凝土浇筑前一天用水将全梁表面、箱内洒水保湿进行降温（图 4-27）。

及时收听天气预报，三天内有大风降温时，不进行合龙段混凝土浇筑。

梁端的混凝土连接面要充分凿毛、湿润，并冲洗干净。混凝土采用泵送入模，入模混凝土坍落度不大于 22cm。

混凝土浇筑初凝后覆盖塑料薄膜及土工布保湿养护，专人进行洒水养生，养生期不少于 14d（图 4-28～图 4-31）。

图 4-27　混凝土浇筑现场示意图

图 4-28　箱室内底板洒水养护

图 4-29　腹板外侧喷淋养护

图 4-30　顶板铺盖洒水防护

图 4-31　墩顶覆盖养护

（6）预应力张拉

合龙段混凝土强度达到设计强度85%后即可拆除劲性骨架，强度达到90%后，放松吊架外侧模及内侧模。然后按顺序进行纵向预应力合龙束和腹板束2Hb1、2Hb2、2B2~2B6（纵向张拉完成后方可脱底模），最后张拉横向预应力束。

（7）边跨现浇段方案

通常边跨现浇段在合龙施工前一定时间提前浇筑完毕，但根据本项目特点，边跨合龙前已进行引桥预制梁安装，采用两端张拉已没有操作空间，故边跨采用单端张拉工艺。

综合考虑到工期、工艺难易程度，拟边跨现浇段与18号梁段同期浇筑，再进行合龙段施工，具体施工步骤如下：

①提前在分隔墩安装边跨现浇段托架并预压完毕。

②安装底模、绑扎底板、腹板钢筋，安装内模到位。

③待悬臂梁段施工至17号节段时，至悬臂梁段向现浇段进行钢绞线穿束，

124

安装 P 锚。

④绑扎顶板钢筋及安装竖、横向预应力筋。

⑤浇筑现浇段混凝土及养生。

2）中跨合龙段方案

（1）施工步骤

悬浇完成 18 号块段后开始中跨合龙段施工，2 个中跨合龙采用挂篮改装吊架及模板，绑扎钢筋和安装预应力孔道，加载配重，施加顶推力安装劲性骨架并锁定，浇筑中跨合龙段混凝土，待合龙段混凝土强度达到 85% 后撤除顶推力，强度达到 90% 后张拉 2HZ、2D1～2D15 钢束，拆除中跨合龙段吊架（图 4-32）。

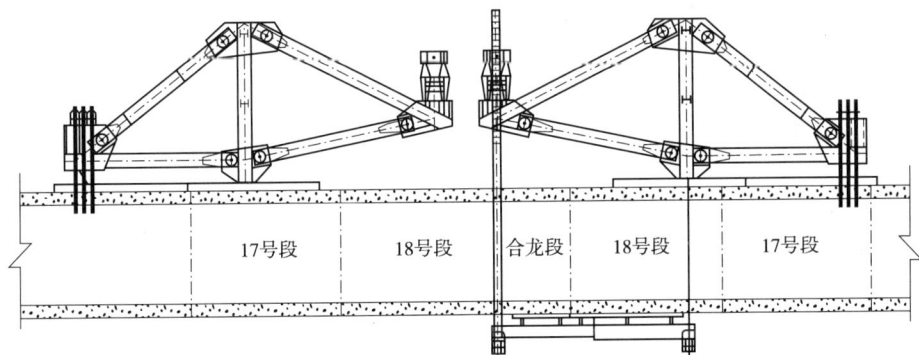

| 17号段 | 18号段 | 合龙段 | 18号段 | 17号段 |

图 4-32　中跨挂篮合龙施工示意图

（2）合龙段模板

利用挂篮底模、外侧模、内模作为中跨合龙段模板。Z6、Y7 号墩第 18 号块悬浇完成后，挂篮向 0 号块后退 2.5m，并作为平衡配重。

Z5、Y6、Z7、Y8 号墩挂篮前移作吊架，施工步序为：

①在中跨两侧 18 号梁段预应力张拉完、压浆封锚后，清除箱顶、箱内的施工材料、机具，用于合龙段施工的材料、设备有序放至墩顶或撤离桥面。

②挂篮施工完 18 号块后，将前吊点由钢板吊带改为精轧螺纹钢吊杆，将因前吊点影响长度不足的部分焊接钢板补足长度。

③拆除拉筋，放松内外侧模，通过挂篮使底模、侧模平台前移就位，底模利用挂篮吊带固定，侧模利用吊带将其固定在翼板预留孔上。

④底、腹板钢筋绑扎完毕后，通过导链牵引内模架就位。

⑤用拉筋将内外模拉紧，缝隙用密封条或砂浆补平，为防止出现错台或漏浆。

⑥内模采用钢管脚手架、方木和胶合板组合。

⑦按照正常施工程序進行中跨合龍施工。

（3）鋼筋綁扎、預應力管道安裝

同邊跨合龍段鋼筋綁扎、預應力管道安裝。

（4）配重

在合龍段按照等重量的原則在合龍段兩側各設置38t配重，並在混凝土澆築時按照等重量的原則逐步釋放。配重採用磚砌水池，為節約時間，配重水池設置在17號段，距墩柱中心62m。配重總質量38t，採用500cm×500cm×110cm的"24"磚牆砌築，其中用磚7m³，質量11t，注水27t，注水高度1.08m。配重水池布置如圖4-33所示。

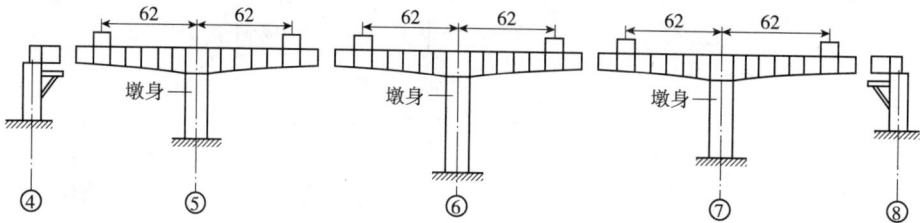

图4-33 配重水池布置示意图(尺寸單位:m)

配重水箱施工注意要點為:

①水池底部鋪砌一層，砌築時布設塑料布至牆身不小於50cm。

②水池內部抹面。

③抹面完成後，根據合龍段各分部重量，在水池內部分底板、腹板、頂板進行反向標線。

④水箱旁邊留出泵管位置。

⑤水池底部設置4個直徑5cm水管，設閥。

（5）合龍段鎖定

18號懸澆塊頂底板上按圖4-34所示預埋勁性骨架焊接預埋件，預埋件採用340mm×400mm×10mm的鋼板，鋼板頂部採用550mm×550mm×30mm的綴板焊接連接。剛接桿採用32a工字鋼通過綴板焊接而成，長度420cm。鋼板頂部高出混凝土表面5mm，防止頂推時摩擦並利於切割。

（6）頂推施工

①頂推位置:為施工方便，頂推位置設置在頂板倒角避開波紋管位置處，兩邊需對稱，如圖4-35所示。

②頂推順序:右線採用同時頂推工藝，左線因5、7號墩高度不一，採用2次頂推或3次頂推到位，如圖4-36所示。

126

a)横断面布置示意图

b)侧面布置示意图

c)平面布置示意图

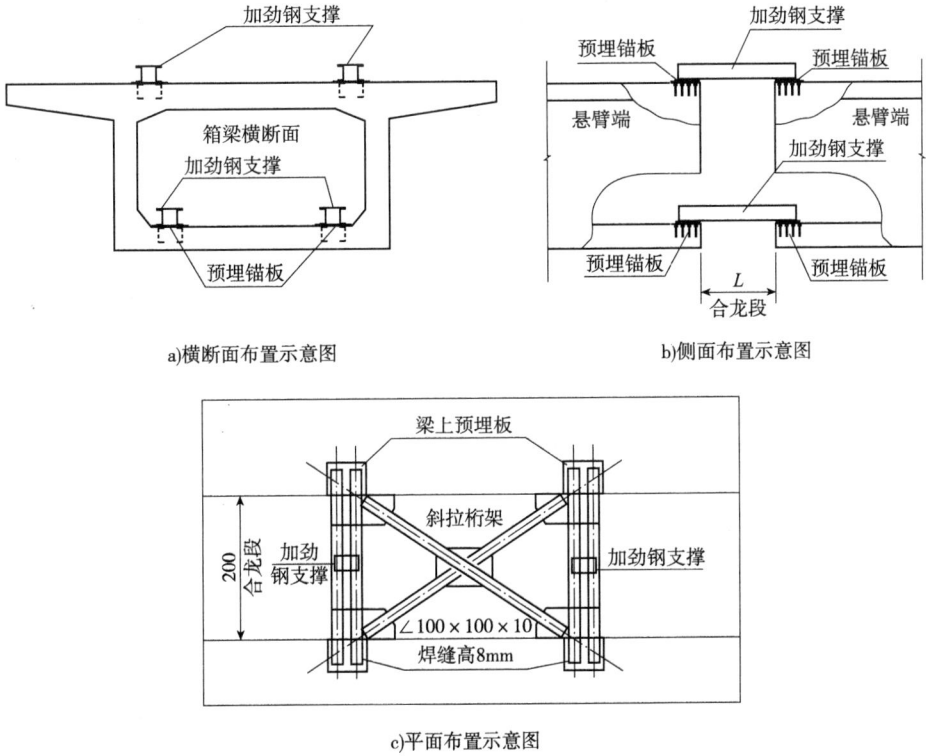

图4-34 合龙施工劲性骨架结构布置示意图

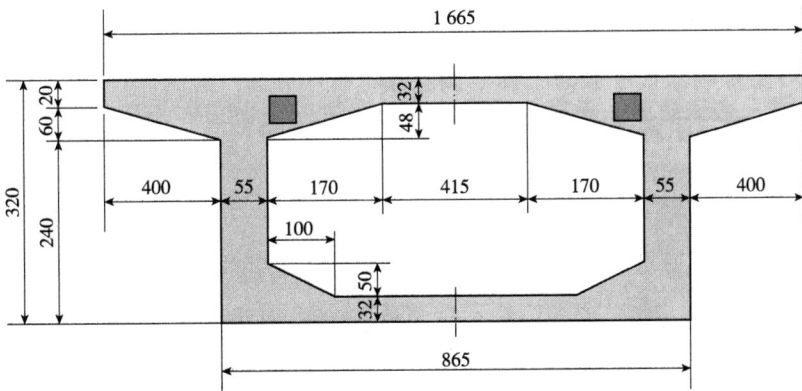

图4-35 顶推位置示意图(尺寸单位:cm)

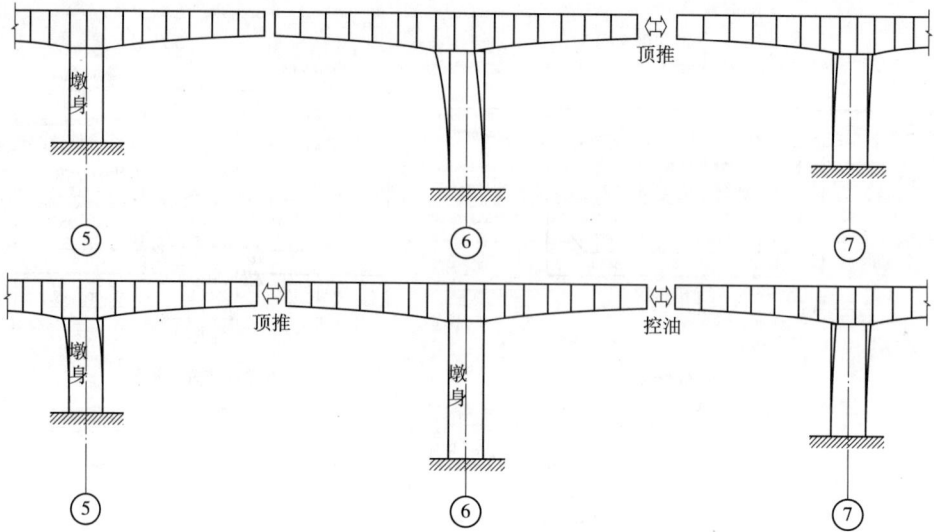

图 4-36 顶推顺序示意图

a. 先顶推 6、7 号墩,顶推力大约在 50% 左右,不锁定,千斤顶不退,油泵锁死。

b. 顶推 5(6、7)号墩,调整 6 号墩到位,不锁定,千斤顶不退,油泵锁死。

c. 如 6 号墩未到位,顶推 6、7 号墩,调整 6 号墩到位,焊接劲性骨架,完成合龙。

③顶推力的分级及监测:

a. 顶推按先大后小的顺序进行加载,越到后期越要低油顶推,防止顶推过大。

b. 顶推时安排专人读取钢尺读数,并及时指挥作业人员,严格按照位移控制顶推,发现异常马上汇报。

c. 左线合龙时,墩柱偏移通过与右线的相对位置进行监测。

d. 顶推时同步进行桥面高程监测,测点布置如图 4-37 所示。

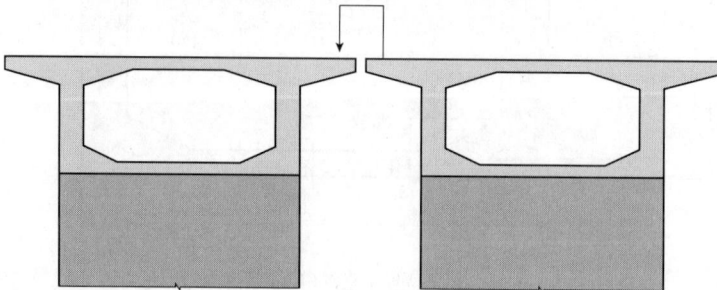

图 4-37 测点布置示意图

128

e.顶推时各千斤顶需同步。

f.劲性骨架焊接完毕后,再按设计张拉力的30%张拉临时束(临时束为合龙束B2~B6之一),临时束的张拉力根据劲性骨架的合龙温度(即顶推力)作适当调整。

④顶推力的确定:暂时不确定,根据温度监测数据在顶推前计算确定。由于篇幅限制仅列举常家河左幅6、7号墩合龙顶推数据记录表(附录3)。

(7)合龙段混凝土浇筑

同边跨合龙段混凝土浇筑。

(8)预应力张拉

①预应力底板钢束在混凝土强度达到90%和龄期达到5d后进行张拉,先张拉底板束,后张拉顶板束,张拉顺序为先长束后短束(跳开进行),先中跨后边跨。其中边跨钢束均采用单端张拉,其余预应力钢绞线采用两端张拉。

②为避免合龙束钢摩阻偏大,近而引起钢束伸长量与设计伸长量产生误差,在边跨合龙束B2~B6、Hb1~Hb2的箱梁内腔张拉端张拉时,先采用手动油压千斤顶对钢绞线逐根进行空拉,空拉力控制在设计张拉的30%左右,再采用主千斤顶对钢绞线进行反复空拉,空拉力控制在设计张拉的50%左右。此方法既可避免钢绞线穿束不匀,又可有效消除孔道的负摩阻。

③张拉分两级进行,第一次张拉控制在50%,待全部钢束张拉完毕后,再先长束后短束张拉至100%。

④为有效消除钢绞线的非弹性形变,预应力索初张拉力控制在30%。

⑤边跨钢束张拉至控制应力后,使张拉千斤顶保持持荷状态5~8h。由于钢束沿长度方向的应力重分布,会使张拉应力(即油压表读数)略有减少,此时按控制应力进行补张拉后锚固。

(9)桥面系施工

①在劲性骨架锁定后,测量班及时测量桥面高程(图4-38),以便确定桥面铺装高程。高程测量按左中右三条线布置,测点间

图4-38 现场工作人员桥面高程测量示意图

距 5m。

②铺装厚度大于 14cm 时,增加一层网片,大于 20cm 时,布置 3 层网片。

③桥面铺装高程进行调整,护栏保证一条线,即保证最低 1.2m 高度,其余地方高度相应增加。

④桥面铺装施工时先进行一侧施工,完毕后再进行另一侧施工。

第5章 结论与展望

5.1 结论

随着我国桥梁技术的迅速发展,连续刚构桥一次合龙技术越来越完善。但是,由于我国在桥梁方面起步较晚,在很多方面仍存在着不足之处。本书通过对连续刚构桥一次合龙技术进行系统的研究,同时以实际工程为依托,对连续刚构桥一次合龙关键问题进行了分析,得出以下结论:

(1)通过对一次合龙技术的可行性进行研究,以不同跨数、不同合龙顺序为出发点,分别从结构内力与线形、结构系统温差、收缩徐变三方面进行了系统的分析,清楚地认识到:①多跨连续刚构桥采用逐跨合龙与同时合龙两种不同的合龙方式时,对主梁截面上下缘应力和线形的影响是:随着跨数的增多,其影响幅度增大,跨数不大于六跨时影响较小,当跨数大于六跨时影响急剧增大。两种合龙顺序下桥墩水平位移和墩顶弯矩差别较大,而且随着跨数的增多这种差别也增大。②温度的变化对结构产生的影响是复杂的。温度变化对悬浇法悬臂箱梁高程的影响显著,悬臂越长、温度变化越大,此项影响越显著,因此在大跨度桥梁的悬浇法施工监控中,应采取有效的方法克服其影响。③收缩徐变对成桥受力影响是显著的。采用不同合龙方式对墩顶水平位移、弯矩产生的变化有一定的差值,且随着跨数的增多,跨径的增长,这种差值会更大。

(2)通过介绍一次合龙技术在施工过程中的技术要点,本书分别从配重、合龙温度、劲性骨架、顶推合龙工艺等几个关键环节进行阐述,希望能使读者对一次合龙技术有一个比较深入的理解。同时,本书还在顶推力计算的基础上,借助李家坝大桥、汉江大桥两工程实例,采用有限元程序 MIDAS/Civil 进行了顶推力优化设计计算,并加以应用推广。

(3)本书查阅了大量的参考文献,并对一次合龙施工技术的理论内容进行了系统的总结,借助沮河、黄家沟、常家河三座连续刚构桥一次合龙施工技术的实例应用,从而对一次合龙施工技术在不同跨数、不同合龙顺序等复杂环境下的具体实施有了深入的了解,同时,通过对比一次合龙施工技术在上述三个工程中的具体应用,可以发现,一次合龙施工技术在我国连续刚构桥梁中的应用还有很大的发展空间。

5.2　展望

尽管高墩大跨梁桥的一次合龙施工技术已较为成熟,但施工现场的工程情况更为复杂,作者认为对于非常规情况下的刚构—连续组合梁桥一次合龙仍需作进一步的研究,对于施工控制方面,国外起步较早,已将施工控制纳入了常规施工管理工作当中,近年来,国内也开始认识到施工控制的重要性,但是重视程度尚有不足,不能充分发挥施工控制在桥梁施工中的指导性作用,这一问题需要在今后的桥梁建设中逐步加以改进。由于国内对现代施工控制的研究起步较晚,在控制理论、监测手段、影响因素、预测和判断的精度以及智能化的研究和实践还不够深入,所以,深入研究桥梁施工控制理论,开发更为合理、实用的桥梁控制软件,研制更为精确、灵敏的监测设备,实现监测手段自动化、智能化,是今后我国桥梁建设事业发展迫切需要进行的工作。

附　录

附录1　沮河特大桥左幅5、6号墩合龙顶推数据记录表

位置编号	边跨合龙口编号(0) 位移(＿mm) 读数	平均	墩顶编号(5) 位移(＿mm)	顶推力(＿kN) 本次	累计	合龙口编号(1) 位移(＿mm) 读数	平均	墩顶编号(6) 位移(＿mm)
第一次顶推	-1	-1	-1	0	0	-2	-3	-4
	-1					-3		
第二次顶推	-1	-1	-1	0	0	-7	-7	-6
	-1					-7		
第三次顶推	-5	-6	-5	200	200	0	0	-6
	-5					0		
第四次顶推	-8	-10	-5	200	400	4	3.5	-6
	-8					3		
第五次顶推	-11	-13	-7	200	600	9	9	-5
	-11					9		
第六次顶推	-12	-13	-9	0	600	9	9	-5
	-11					9		

续上表

位置编号	边跨合龙口编号(0) 位移(__mm)		墩顶编号(5) 位移(__mm)	顶推力(__kN)		合龙口编号(1) 位移(__mm)			墩顶编号(6) 位移(__mm)
	读数	平均		本次	累计	读数	平均		
第七次顶推	-12 / -11	-13	-12	200	800	9 / 9	9		-6
第八次顶推	-14 / -13	-15	-14	0	800	9 / 9	9		-6
第九次顶推	-17 / -17	-17	-19	200	800	13 / 12	13		-6
第十次顶推	-17 / -17	-17	-19	0	800	13 / 12	13		-7
第十一次顶推	-18 / -18	-18	-20	0	800	13 / 12	13		-7
第十二次顶推	-26 / -26	-26	-27	300	1 100	17 / 17	17		-10
第十三次顶推	-31 / -34	-33	-31	200	1 300	23 / 23	23		-10
第十四次顶推	-34 / -36	-35	-35	100	1 400	28 / 28	28		-9

附录2 黄家沟大桥左幅7、8号墩合龙顶推数据记录表

位置编号	边跨合龙口编号（A）位移（___ mm）		墩顶编号（7）位移（___ mm）	顶推力（___ kN）		合龙口编号（B）位移（___ mm）		墩顶编号（8）位移（___ mm）
	读数	平均		本次	累计	读数	平均	
第一次顶推	0 0	0	-2	100	100	8 7	7.5	2
第二次顶推	-1 -1	-1	-1	100	200	10 9	9.5	1
第三次顶推	-1 -1	-1	-5	200	400	11 11	11	3
第四次顶推	-1 -1	-1	-5	0	400	11 11	11	2
第五次顶推	-1 -1	-1	-7	200	600	14 14	14	3
第六次顶推	-2 -3	-2.5	-9	100	700	16 16	16	4
第七次顶推	-3 -5	-4	-12	100	800	18 17	17.5	2
第八次顶推	-3 -6	-4.5	-14	100	900	20 19	19.5	2

续上表

位置编号	边跨合龙口编号（A）		墩顶编号（7）	合龙口编号（B）					墩顶编号（8）
	位移（___ mm）		位移（___ mm）	顶推力（___ kN）		位移（___ mm）			位移（___ mm）
	读数	平均	位移（___ mm）	本次	累计	读数		平均	位移（___ mm）
第九次顶推	−3	−5	−14	50	950	20	19	19.5	1
	−7								
第十次顶推	−3	−5	−14	50	1 000	20	19	19.5	1
	−7								

136

附录3　常家河特大桥左幅6、7号墩合龙顶推数据记录表

位置编号	边跨合龙口编号(B) 位移(___mm)		墩顶编号(6) 位移(___mm)	顶推力(___kN)		合龙口编号(B) 位移(___mm)		墩顶编号(7) 位移(___mm)
	读数	平均		本次	累计	读数	平均	
第一次顶推	7 / 9	8.0	3	4 000	4 000	2 / 1	1.5	4
第二次顶推	14 / 16	15.0	4	2 000	6 000	3.5 / 2	2.8	7
第三次顶推	15 / 16	15.5	3	1 000	7 000	6 / 5	5.5	9
第四次顶推	15 / 16	15.5	3	1 000	8 000	8.5 / 7	7.8	11
第五次顶推	18 / 20	19	4	0	8 000	8.5 / 7	7.8	12
第六次顶推	22 / 24	23.0	4	2 000	10 000	12.5 / 10	11.3	17
第七次顶推	28 / 25	26.5	4	2 000	12 000	16.5 / 14	15.3	21

续上表

位置编号	边跨合龙口编号（B）位移（__ mm）		墩顶编号（6）位移（__ mm）	合龙口编号（B）顶推力（__ kN）		合龙口编号（B）位移（__ mm）		墩顶编号（7）位移（__ mm）
	读数	平均		本次	累计	读数	平均	
第八次顶推	32 36	34	4	2 000	14 000	22 19	20.5	26
第九次顶推	38 39	38.5	5	2 000	16 000	26.5 24	25.3	33

参 考 文 献

[1] 马保林. 高墩大跨连续刚构桥[M]. 北京:人民交通出版社,2001.

[2] 范立础. 桥梁工程(上册)[M]. 北京:人民交通出版社,2003.

[3] 胡清和. 多跨连续刚构桥构造分析及合龙技术研究[D]. 重庆:重庆交通大学,2009.

[4] 相其生. 高墩大跨连续刚构桥稳定性研究[D]. 长沙:长沙理工大学,2007.

[5] 赵静. 大跨径连续刚构桥合龙方案研究[D]. 西安:长安大学,2010.

[6] 周军生,楼庄鸿. 大跨径预应力混凝土连续刚构桥的现状和发展趋势[J]. 中国公路学报,13(1):31-37.

[7] 王新伟. 大跨径连续刚构桥一次合龙方案研究[D]. 西安:长安大学,2012.

[8] 戴竞,凤懋润. 我国预应力混凝土公路桥的发展与现状[J]. 土木工程学报,1997,30(8):3-10.

[9] 刘意. 预应力混凝土连续刚构桥几个关键技术研究[D]. 重庆:重庆交通大学,2009.

[10] 雷俊卿. 桥梁悬臂施工与设计[M]. 北京:人民交通出版社,2000.

[11] W. Podolny Jr, J. M. Muller. Construction and design of prestressed concrete segmental bridges. John Wiley & Sons, Inc. 1982.

[12] 葛耀君. 分段施工桥梁施工与控制[M]. 北京:人民交通出版社,2003.

[13] 日本道路协会. 公路桥技术规范及解说. 1991.

[14] American Association of State Highway and Transportation Officials. LRFD bridges design specifications. United States of America,1994.

[15] 朱世峰. 多跨连续刚构桥结构线形控制与合龙技术研究[D]. 重庆:重庆交通大学,2008.

[16] 王小光. 高矮墩大跨连续刚构桥合龙技术研究[D]. 武汉:武汉理工大学,2009.

[17] 曹水东,林云,李传习. 多跨连续刚构桥合龙方案分析[J]. 广西大学学报:

自然科学版,2011,36(4):576-581.

[18] Liu H B,Du J S,Chang X L,*et al*. Closure schemes of multi-span continuous rigid frame bridges[C]. Proceedings of International Conference on Mechanic Automation and Control Engineering. Wuhan, China, June 26-28, 2010: 780-783.

[19] 马明.大跨径连续刚构桥跨中区段性能及问题研究[D].重庆:重庆交通大学,2007.

[20] Lee R A,Pradko F. Analytical analysis of human vibration. SAE Paper No. 680091,January 1968:15.

[21] 马朝霞.影响大跨径预应力混凝土连续刚构桥合龙因素分析与控制[D]. 重庆:重庆交通大学,2007.

[22] 田菊.多跨连续刚构桥的合龙分析[D].重庆:重庆交通大学,2012.

[23] 房为民,张世霖,万科峰.大跨径刚构—连续组合体系梁式桥五跨一次合龙工艺[J].中南公路工程,1995(1).

[24] 陈列,徐公望.高墩大跨预应力混凝土桥桥式方案及合龙顺序选择[J].桥梁建设,2005,1:33-35.

[25] 王中南.官洋溪特大桥边跨合龙方案研究[J].桥梁建设,2006(S1):17-19.

[26] 钟正强,陈常松,颜东煌.连续梁桥合龙方案对施工控制的影响[J].长沙交通学院学报,2002,18(3):27-31.

[27] 吴关良,颜东煌,袁明.混凝土厚壁箱形墩温度场观测及数值模拟[J].长沙理工大学学报,2007,4(3):34-39.

[28] 杜细春.大跨 PC 刚构—连续组合梁桥合龙技术研究[D].武汉:武汉理工大学,2006:32-35.

[29] 周光伟,陈得良,刘榕.连续刚构桥合龙温度的合理确定及高温合龙对策[J].长沙交通学院学报,2006,22(3):15-19.

[30] 罗金标,晋勇,曾磊.变截面连续箱梁桥合龙高差处理[J].中外公路,2002, 22(3):56-59.

[31] 江湧.大跨度连续刚构桥施工关键技术研究[D].上海:同济大学,2006.

[32] Xiang Yiqiang,Tang Guobin,Liu Chengxi. Cracking mechanism and simplified design method for bottom flange in prestressed concrete Box Girder Bridge[J]. ASCE,2011:267-274.

[33] 文武松.苏通大桥辅桥连续刚构施工控制[J].桥梁建设,2008,4:65-69.

[34] 张正强.大跨径预应力混凝土连续刚构桥悬臂施工技术研究[D].成都:西南交通大学,2010.

[35] 王发武.大跨径预应力混凝土梁桥长期挠度控制研究[D].上海:同济大学,2006.

[36] 许惟国,何广汉.大跨度连续刚构桥墩梁结合部的试验研究[J].桥梁建设,2003,5:1-4.

[37] 刘刚亮,王中文.虎门大桥辅航道270m连续刚构桥悬臂施工控制[J].桥梁建设,2001,5:46-48.

[38] 王鹏.珠江特大桥大跨度刚构预应力施工的控制措施[J].桥梁建设,2005(S0):95-97.

[39] 吴关良.高墩大跨连续刚构桥设计计算分析及合龙方案优化研究[D].长沙:长沙理工大学,2007.

[40] 田健.悬臂浇注桥梁合龙中施加配重的原理与方法[J].公路与汽车,2006,(4).

[41] 张新志,张永水,朱慈祥,等.预应力混凝土连续刚构桥中跨合龙段配重方法探讨[J].施工技术,2008(2).

[42] 杜秀丽.大跨钢结构合龙与卸载研究[D].太原:太原理工大学,2007.

[43] 刘君涛,龚军安,杨虎.挂篮在合龙段施工中作为配重物的施工工艺探讨[J].交通科技,2006(5).

[44] 郝海峰.多跨预应力混凝土连续梁桥合理合龙方案研究[D].西安:长安大学,2011.

[45] 吴彪.矮墩连续刚构桥合龙段的顶推施工[J].公路,2004(7):165-167.

[46] 张立江.王万联络线松花江大桥主桥设计[J].铁道标准设计.2005(6):31-34.

[47] 姜永军.预应力混凝土桥连续刚构悬臂浇筑施工技术研究[D].天津:天津大学,2004.

[48] 胡明,宋韬彬,吴文华.主跨220m预应力混凝土刚构—连续组合梁桥设计研究[J].桥梁建设,2003(2):38-41.

[49] 邹毅松,单荣相.连续刚构桥合龙顶推力的确定[J].重庆交通学院学报,2004,5(2):11-13.

[50] 胡丰玲,丁汉山,刘华.连续梁桥中跨合龙方案设计[J].淮海工学院学报,2004(3):23-25.

[51] 周鑫,张雪松,向中富.悬臂施工连续梁桥合龙方案的讨论[J].公路交通技术,2006(4).

[52] 马明,吕红平,朱世峰.连续刚构桥合拢段劲性骨架优化设计[C]//2006年全国桥梁学术会议论文集.北京:人民交通出版社,2006.

[53] 李廉锟.结构力学(上册)[M].3版.北京:高等教育出版社,1996.

[54] 杜国华,等.桥梁结构分析.上海:同济大学出版社,1994.

索　引